Diese Bibel gehört:

Für Lisa

Albert Biesinger und Sarah

Meine Erst-
kommunionbibel

unter Mitarbeit von Marlene Fritsch

Patmos Verlag

VERLAGSGRUPPE PATMOS

PATMOS
ESCHBACH
GRÜNEWALD
THORBECKE
SCHWABEN

Die Verlagsgruppe
mit Sinn für das Leben

Für die Schwabenverlag AG ist Nachhaltigkeit ein
wichtiger Maßstab ihres Handelns. Wir achten daher
auf den Einsatz umweltschonender Ressourcen und
Materialien.

2. Auflage 2016
Alle Rechte vorbehalten
© 2016 Patmos Verlag der Schwabenverlag AG, Ostfildern
www.patmos.de

Umschlag- und Innengestaltung:
Finken & Bumiller, Stuttgart
Umschlag- und Innenillustration: Elli Bruder
Druck: Beltz Bad Langensalza GmbH, Bad Langensalza
Hergestellt in Deutschland
ISBN 978-3-8436-0565-6

Inhalt

Einladung

Sarah ist meine Enkelin. Sie geht gerade zur Erst-kommunion. Als ihr Opa freue ich mich sehr darüber, zusammen mit ihr. Es ist für uns beide eine auf-regende Zeit.

Das kennst du bestimmt noch. Auch deine Vorbereitung auf die Erst-kommunion war sicher eine spannende Zeit, die jetzt vorbei ist. Aber die Sache mit Jesus – die ist noch nicht vorbei! Denn Jesus bleibt weiter dein Freund, auch dann, wenn das Fest vorbei ist und alle Gäste gegangen sind. Das, was er den Menschen sagen wollte über Gott, was er selbst mit den Menschen erlebt hat, hat auch was mit deinem Leben zu tun, mit jedem Tag, an dem du morgens aufstehst.

Das kannst du dir nicht vorstellen? Deshalb haben Sarah und ich dieses Buch geschrieben. Wir beide haben oft darüber gesprochen, welche Geschichten aus der Bibel für Kommunionkinder besonders wichtig und interessant sind. In diesem Buch wollen wir mit dir dar-über nachdenken, wie die großen biblischen Geschichten dir in deinem alltäglichen Leben helfen können.

Es sind Geschichten über Gott, die Jesus als Kind schon selbst gehört hat. Und es sind Geschichten über Gott, die Jesus als Erwachsener erzählt hat.

Manche dieser Geschichten kennst du vielleicht:

> die Geschichte von der Erschaffung der Welt,
> die Geschichte von Noah, mit dem Gott einen Bund schließt
> und dem Gott als Zeichen einen Regenbogen schickt,
> die Geschichte von Josef, der von seinen Brüdern in den
> Brunnen geworfen und später nach Ägypten verkauft wird.

In der Bibel sind all die Erfahrungen, die Menschen mit Gott machen konnten, gesammelt und aufgeschrieben, damit sie nicht vergessen werden. Sie waren nicht nur damals wichtig. Sie helfen uns auch heute, die Geheimnisse der Welt und unseres Lebens besser zu verstehen. Und sie helfen uns, fröhlicher und friedlicher miteinander zu leben.

Wenn du die Geschichten in diesem Buch liest, musst du nicht vorne anfangen und hinten aufhören. Du kannst sie einfach danach aussuchen, wie es dir gerade geht oder was dich beschäftigt. Wenn du also traurig bist, dann hilft dir vielleicht die Geschichte von den Jüngern, die nach Emmaus unterwegs waren (siehe S. 70). Sie waren traurig, weil Jesus gestorben war. Doch dann haben sie plötzlich gemerkt, dass er bei ihnen ist, sogar mit ihnen unterwegs! Da war ihre Traurigkeit wie weggeblasen. Vielleicht interessierst du dich aber auch gerade dafür, wie die Welt entstanden ist, weil ihr in der Schule darüber gesprochen habt. Dann kannst du die Geschichte über die Erschaffung der Welt lesen (siehe S. 76). Hilft dir das beim Nachdenken?
Du kannst die Geschichten auch gemeinsam mit deinen Eltern lesen und mit ihnen darüber sprechen.
Das habe ich mit Sarah auch so gemacht – und das war eine tolle Zeit, die wir da miteinander verbracht haben! Wir haben beide viel gelernt: sie von mir und ich von ihr. Und dabei haben wir beide wieder gemerkt: Die Geschichten in der Bibel sind wirklich alles andere als „alte Kamellen"!

Aber jetzt erst mal
viel Spaß beim Lesen!

Wenn ich fröhlich bin

Die Psalmen

Es gibt Tage, da wacht man auf und möchte am
liebsten gleich einen Purzelbaum vom Bett auf den
Boden machen oder barfuß nach draußen in den Schnee laufen
und die ganze Welt umarmen. Und das nicht mal, weil irgendwas ganz
Besonderes passiert wäre, sondern weil man sich innen drin ganz
glücklich und froh fühlt, einfach nur so. Kennst du das?
Manchmal hat man dann das Gefühl, man müsste jemandem Danke
sagen für dieses Glück im Bauch, weil man spürt: Das hab ich gar
nicht gemacht! Ich kann gar nichts dafür, dass es mir so gut geht!
Sarah hat mir gesagt, sie würde dann gerne Gott Danke sagen, ihm
erzählen, wie sich das anfühlt. Aber sie weiß nicht so richtig, wie.
Da sind mir die Psalmen eingefallen, die urururalten Gebete in der
Bibel. Wir haben zusammen mal nachgeschlagen. Da gibt es wirklich
eine ganze Menge davon! Vielleicht kannst du dir für so ein fröhliches
Dankeschön ein paar der Wörter ausleihen, die hier stehen.
Nachlesen kannst du den Text im Alten Testament in Psalm 104:

Ich staune, mein Gott,
deine Welt ist so schön!
Und ich kann dich überall darin finden:
in der Sonne und dem Himmel als deinen Kleidern,
den Wolken als deinem Wagen,
dem Wind als deinen Flügeln.
Du hast alles gemacht,
das Land und das Wasser,
die Berge und die Täler.
Du sorgst für deine Erde:
Für die Tiere lässt du als Nahrung
das Gras auf den Feldern wachsen
und für die Menschen Getreide und Bäume,
damit sie Brot und Früchte haben
und genug zu trinken.
Und allen hast du einen Ort gegeben,
an dem sie zu Hause sein können.
Du hast den Mond gemacht und die Sonne,
den Tag und die Nacht.

Oder vielleicht magst du Psalm 148 lieber:

Gott, so wunderbar ist deine Erde!
Ich will dir ein Lied singen,
so fröhlich bin ich,
so sehr freue ich mich,
dass du mir mein Leben geschenkt hast!

Wie freue ich mich, wenn ich, Gott, in deine Welt schaue!
Ich möchte allen sagen: Schaut doch mal genau hin!
Und freut euch, sagt es laut, wenn ihr euch freut!
Ihr Engel Gottes,
und auch du, liebe Sonne,
und du, lieber Mond, lobt Gott, der euch gemacht hat.
Und auch ihr Sterne in der Nacht, lobt ihn!
Du, weiter Himmel, sing Gott ein Lied,
denn er hat dich gemacht.
Und auch du, liebe Erde, und alles,
was auf dir lebt,
soll Gott loben:
Feuer und Hagel, Schnee und Nebel und Sturm,
Berge und Hügel,
Bäume und Tiere,
Männer und Frauen,
Könige und Bettler,
Alte und Junge.
Ihr alle singt Gott ein Lied,
denn er hat alles so schön geschaffen.

In der Bibel gibt es noch ganz viele andere Psalmen. Leider sind sie nicht immer so einfach zu verstehen. Das liegt daran, dass sie schon mehr als 2000 Jahre alt sind – kannst du dir das vor-stellen? Vielleicht hast du Lust, selbst ein paar neue Psalmen zu schreiben – mit deinen Worten. Damit kannst du das Gefühl im Bauch wohl am besten ausdrücken. Und Gott ist es egal, wie du zu ihm betest, ob in alten oder in neuen Worten. Er versteht dich ganz sicher!

Wenn ich wütend bin

Die Geschichte von Hiob

Manchmal hat man eine solche Wut im Bauch, dass sie sich anfühlt wie eine heiße Kugel. Zum Beispiel, wenn deine kleine Schwester genauso lange aufbleiben darf wie du und dir dafür noch die Zunge rausstreckt und so gemein lacht. Oder wenn du in der Schule eine Strafarbeit bekommst, weil du angeblich geschwätzt hast im Unterricht. Dabei warst du das gar nicht, sondern dein Nachbar! Manchmal macht uns auch eine Nachricht im Fernsehen wütend, wenn zum Beispiel im Krieg Kinder krank werden oder sterben. „Die können doch gar nichts dafür, wenn sich die Erwachsenen streiten müssen!", hat Sarah mir gesagt, und „Mann, Gott, warum lässt du das zu?"
Dann haben wir wieder zusammen in die Bibel geschaut. Und da gibt es eine ganz spannende Geschichte dazu. Sie ist nicht besonders lang, du kannst sie gut nachlesen. Schau dazu mal nach dem Buch Hiob im Alten Testament, nach diesem Mann ist sie benannt. Und sie geht ungefähr so:

Hiob ist ein Mann, der alles hat: Geld, eine liebe Frau, viele Kinder, mit denen er sich gut versteht, ein tolles Haus, jede Menge Land und Vieh und viele Knechte und Mägde, die sich um all das kümmern. Und trotzdem gibt er damit nicht an oder gibt sein Geld für Unsinn aus. Er ist freundlich zu allen Menschen und hat viele Freunde, die ihn oft besuchen.
Aber eines Tages passiert etwas Schreckliches: Seine Kinder kommen bei einem Unglück ums Leben, ein Brand

vernichtet die Ställe und dabei sterben auch alle Tiere. Feinde fallen auf seinem Land ein und nehmen es ihm weg. Und am Ende bleibt ihm nichts mehr von dem, was er besessen hat. Hiob weint und ist schrecklich traurig, er beschwert sich über sein Schicksal – aber er zweifelt nie an Gott. Und er gibt ihm nicht die Schuld für die Not, in die er geraten ist. Kurz darauf wird er auch noch schwer krank. Doch Hiob zweifelt auch jetzt nicht an Gott.

Nun besuchen ihn seine besten Freunde. „Du hast bestimmt irgendwas Böses getan, das ist jetzt die Strafe dafür!", sagt einer zu ihm. Und der Zweite meint: „Stell dich nicht so an, so ist nun mal das Leben, da musst du durch. Irgendwann müssen wir alle mal sterben. Die einen früher, die anderen später."

Aber Hiob will sich damit nicht abfinden. Er weiß: Er ist unschuldig, er hat nichts getan. Also kann das, was er leiden muss, keine Strafe sein. Dem anderen Freund sagt er: „Ich stelle mich nicht an. Mir geht es wirklich schlecht. Das hier ist ungerecht und es tut schrecklich weh. Ich bin so traurig und so krank – Gott, warum ist das so? Warum lässt du das zu? Warum muss ich das aushalten?"

Er klagt Gott an, und schreit ihn an, er brüllt all seinen Zorn heraus. Und irgendwann, nach langer Zeit, sagt Hiob: „Ich habe dich, Gott, in diesem meinem Leid von Angesicht zu Angesicht gesehen." Hiob hat also gespürt, dass Gott auch in der größten Not nicht verschwindet. Gott haut nicht ab, wenn es dunkel wird.

Sarah sagt: „Das ist doch prima, dass man dem Gott nicht immer nur Schönes sagen muss und ihn loben und so, sondern auch mal richtig wütend auf ihn sein kann. Und ihm das auch sagen kann." Ich habe ihr geantwortet: „Gott ist immer bei uns, wenn wir froh sind und wenn wir wütend sind oder einfach mal keine Antwort finden auf unsere Fragen. Gott ist kein ‚Schönwettergott', sondern gerade auch dann bei uns, wenn's schwierig wird in unserem Leben. Er hält das aus!"

Wenn ich etwas verloren habe — und es endlich wiederfinde

Die Geschichte von
der verlorenen Drachme

Hast du schon mal etwas verloren, was dir richtig wichtig war? Dein Kuscheltier zum Beispiel oder das Kettchen, das dir deine Patin zur Erstkommunion geschenkt hat? Oder etwas, was richtig teuer war? Das fühlt sich fürchterlich an. Es lässt einen verzweifeln. Wenn man es dann endlich wiederfindet oder ein anderer es entdeckt und wiederbringt, ist das so, als würde jemand einen ganzen Berg von unseren Schultern wälzen. Da könnte man fast heulen vor Freude! Dazu gibt es eine interessante Geschichte in der Bibel, du findest sie in Lukas 15,8–10:

Es war einmal eine Frau, die hatte nicht besonders viel Geld. Daher passte sie auf ihre Drachmen, wie die Geldstücke damals hießen, sehr gut auf. Sie legte sie immer in ein besonderes Kästchen und wusste ganz genau, wie viele noch darin sind. Einmal hatte sie eine Drachme herausgenommen und in ihre Tasche gesteckt, denn sie wollte einkaufen gehen. Doch als sie beim Bäcker stand, konnte sie das Geldstück nirgends finden. Da musste sie das Brot wieder zurückgeben. Besorgt und eilig ging sie wieder nach Hause. „Das kann doch nicht sein", dachte sie sich, „ich hatte es doch in der Hand und habe es in meine Tasche gesteckt! Es wird mich doch niemand bestohlen haben!"

Als sie zu Hause ihren Mantel auszog,
stellte sie entsetzt fest, dass ihre
Tasche ein Loch hatte.
„Hoffentlich ist mir das Geld gleich
hier wieder herausgefallen", über-
legte sie, „dann kann ich es vielleicht
wiederfinden." Und so begann sie im
Haus zu suchen. Sie schaute hinter jeden
Schrank, verschob die Stühle und den Tisch,
suchte in Schubladen und in Taschen, lüftete
Teppiche und krabbelte hinter das Sofa. Und als sie ihren
Lieblingssessel wegschob, schimmerte es plötzlich am
Boden – da war sie, die verlorene Drachme! „Hurra!", rief die
Frau und sammelte das Geld vom Boden auf. Beinahe hätte
sie ein kleines Tänzchen gemacht vor Freude.
Dann schnappte sie sich ihre Einkaufstasche und noch
eine weitere Drachme dazu und ging zu ihrer Nachbarin.
Sie klopfte an ihre Tür und als geöffnet wurde, sagte sie:
„Du, ich habe eine Drachme verloren und war so traurig
darüber, aber nun habe ich sie wiedergefunden! Komm,
freu dich mit mir! Ich möchte dich zu einem kleinen
Freudenfest einladen. Kommst du?" Und als die Nachbarin zugesagt hatte, ging sie zur Nachbarin auf der anderen Seite ihres Hauses und zu der von gegenüber und zu
ihrer Freundin im anderen Stadtteil und lud sie ein. Dann
kaufte sie für zwei Drachmen Brot und Zutaten für einen
Kuchen. Als später alle um den Tisch versammelt waren
und sich den Kuchen schmecken ließen, sagte die Frau:

„Wie schön, dass ich meine Freude über die Drachme mit euch teilen kann! Freude, die man teilt, ist doppelte Freude!"

Komisch, dass man eigentlich immer erst dann, wenn man etwas verloren hat, weiß, wie viel es einem wert ist, oder? Und wenn es dann wieder da ist, bekommt man es sozusagen nochmal geschenkt. Weißt du was? So ist es auch für Gott. Wenn er das Gefühl hat, dass ihm ein Mensch verloren gegangen ist, dann sucht er überall, sogar unterm Sofa, bis er ihn wiedergefunden hat. Und dann freut er sich, vielleicht noch mehr als die Frau über die wiedergefundene Drachme.

Wenn ich mich hilflos fühle

David und Goliat

Als Sarah heute aus der Schule kommt, ist sie wütend. „Da ist so ein Junge, der geht schon aufs Gymnasium und ist riesengroß. Und immer, wenn er auf dem Heimweg an unserem Schulhof vorbeikommt, dann ruft er uns hinterher: „Na, ihr Babys? Wo sind denn eure Schnuller?" Und dann lacht er uns aus. Das darf der gar nicht! Aber was sollen wir denn machen, der ist einfach so viel stärker als wir!" Da ist mir die Geschichte von David und Goliat eingefallen. Du findest sie im Alten Testament in 1 Samuel 17,12–54. Und sie geht ungefähr so:

David war schlecht gelaunt. Er saß auf einem Stein, spielte ein bisschen Flöte und passte auf die Schafe seines Vaters auf. „Mann! Eliab, Abinadab und Schima dürfen gegen die Philister kämpfen. Und ich muss Schafe hüten!", dachte er missmutig. Seine drei älteren Brüder kämpften seit einiger Zeit im Dienst König Sauls. Nur er war noch zu jung, um in den Krieg zu ziehen.

Plötzlich sah er von Weitem seinen Vater über die Weide kommen. Er sah besorgt aus, fand David. Als er bei ihm ankam, sagte er: „David, wir haben so lange nichts mehr von deinen Brüdern gehört, ich mache mir langsam Sorgen um sie. Ich habe hier ein bisschen Verpflegung in den Rucksack gepackt – kannst du ins Heereslager gehen und ihnen das mit einem schönen Gruß von mir bringen? Ich möchte ein-

fach wissen, wie es ihnen geht."
David strahlte über das ganze
Gesicht. „Natürlich, Papa, nichts
lieber als das!" Also nahm er den
Rucksack und machte sich auf den Weg
ins Lager der Krieger.
Als er dort ankam, erlebte er ein Spektakel: Alle
Kämpfer Sauls hatten sich in voller Rüstung hinter
die Zäune des Lagers zurückgezogen und schienen am
ganzen Körper vor Angst zu zittern. David wusste nicht, was
los war, bis plötzlich bei den Philistern im gegnerischen
Lager das Tor aufging und ein riesiger Kerl herauskam. Er
hatte eine schuppige Rüstung an, einen Schild und einen
großen Speer in der Hand und als er plötzlich losbrüllte,
bebte der Boden: „Ihr Feiglinge, ihr Winzlinge! Seid ihr nicht
Sauls Soldaten? Bin ich nicht einer eurer Gegner? Schickt
mir einen Mann, der mich, Goliat, besiegt, und wir werden
uns alle vor euch geschlagen geben!" Dann brach er in höh-
nisches Gelächter aus, und wieder bebte die Erde.
David hatte inzwischen Schima entdeckt und zupfte ihn
an der Rüstung. „Herrje, David, hast du mich erschreckt!",
japste der, kreideweiß im Gesicht. „Was machst du denn
hier?" „Schöne Grüße von Papa bringen", antwortete David
und schaute noch immer auf den riesigen Kerl, „er will wissen, wie es euch geht." „Na, das hast du ja jetzt miterlebt",
meinte Schima mutlos. „Stimmt", sagte David, und schon
war er zwischen allen Beinen und Rüstungen hindurchge-
schlüpft und zwischen den Zäunen hinaus auf den Kampf-
platz getreten. „David, was machst du da???", rief Schima
panisch.

Aber David ließ sich nicht beirren und ging auf Goliat zu.
„Hohoho, jetzt schicken sie mir schon Kinder!", lachte der.
„Na, mein Kleiner, willst du mich mit deiner Flöte umbringen?" Und dazu lachte er wieder, dass der Boden dröhnte.
David hatte inzwischen aber nicht seine Flöte, sondern seine Steinschleuder aus der Tasche gezogen, einen Stein aufgehoben, hineingelegt und gezielt. Als Goliat zwischen zwei Lachern Luft holte, ließ er den Stein los – und er landete mitten auf Goliats Stirn. Der schielte noch ein bisschen und fiel dann der Länge nach in den Sand, wo er wie tot liegen blieb.
Erst herrschte Stille – keiner hatte so richtig verstanden, was da gerade passiert war. Doch als David seine Steinschleuder einsteckte, pfeifend zum Lager zurückschlenderte und Goliat nicht wieder aufstand, wurde den Philistern klar, dass sie gerade die Schlacht verloren hatten. David dagegen wurde gefeiert wie ein Held.

Sarah musste schmunzeln. „Das haben wir so ähnlich gemacht", sagte sie. „Als der blöde Junge heute wieder kam, haben wir uns zuerst hinter einem Busch versteckt. Dann sind wir alle herausgesprungen und haben laut geschrien, dass es unfair ist und feige, wenn man als Großer auf die Kleinen losgeht. Der hat sich ziemlich erschreckt." Sarah lacht: „Zusammen haben wir das gut hingekriegt — wie David in der Bibel!"

Wenn ich etwas
tun soll, wozu
ich überhaupt keine
Lust habe

Die Geschichte von Jona

Manche Sachen machen einfach keinen Spaß, so wie Aufräumen, Spülmaschine ausräumen oder Arbeiten schreiben in der Schule. Und vor manchen Dingen würden wir am liebsten weglaufen. Zum Beispiel, wenn wir jemand anderem etwas Unangenehmes sagen müssen, etwa, dass wir es blöd finden, wie er sich gerade verhält, oder dass der andere etwas falsch gemacht hat.

Jona ging das nicht anders. Seine Geschichte findest du im Alten Testament im Buch Jona. Und sie geht etwa so:

Gott hat Jona zu den Menschen von Ninive geschickt. „Los, Jona! Geh nach Ninive!", sagte Gott. „In dieser Stadt sind so viele Menschen auf dem falschen Weg! Sie belügen sich gegenseitig und beklauen die anderen. Sie haben mich vergessen, handeln böse und machen nur das, was sie gerade wollen. Geh hin und sag ihnen, dass ich sie bestrafen werde!"

„Ich?", fragte Jona erstaunt. „Aber Herr, das kann ich nicht. Ich bin kein Prophet, such dir jemanden, der das besser kann!"

Aber Gott bestand darauf. Jona war ganz komisch im Bauch. „Ich kann das nicht!", dachte er bei sich, „was mach ich nur?" Plötzlich hatte er eine Idee. „Ich werde so tun, als ob ich mich nach Ninive aufmache, und dann fahre ich einfach woanders hin." Jona freute sich, dass er so schlau war. Er packte sein Bündel und ging zum Hafen. Dort lag ein Schiff, das nach Tarschisch fuhr. Jona war es eigentlich egal, wohin es ging, bloß nicht nach Ninive. So bezahlte er die Überfahrt und ging an Bord. Dort legte er sich in den Schiffsbauch und schlief sofort ein.

Als sie auf dem Meer waren, kam ein gewaltiger Sturm auf, und das Schiff war nahe daran, unterzugehen. Alle, die auf dem Schiff waren, beteten zu ihrem Gott und warfen Kisten und Kasten ins Meer, damit es leichter würde. Nur Jona schlief in aller Ruhe im Bauch des Schiffes.

Als der Sturm immer schlimmer wurde, fragten sie sich, was sie nun tun konnten. „Irgendwer muss schuld sein an diesem Sturm", sagte einer der Passagiere. Und weil Jona der Einzige war, der ruhig schlief, dachten sie, dass er das wohl sein müsse. Außerdem hatte Jona ihnen selbst erzählt, dass er vor Gott geflohen war. Also weckten sie ihn auf.

„Ich will nicht, dass ihr wegen mir sterben müsst", sagte Jona. „Also tut mir den Gefallen und werft mich ins Meer, dann wird sich das Wasser beruhigen." Erst waren alle empört – sie konnten ihn doch nicht einfach so über Bord werfen! Aber als der Sturm immer noch schlimmer wurde und Jona darauf bestand, taten sie es schließlich doch.

Gott schickte aber einen Fisch, der Jona verschlang. Drei Tage und drei Nächte war er in der dunklen Höhle im Bauch des Fisches gefangen. Jona betete zu Gott, dass er ihn retten solle. Und tatsächlich schwamm der Fisch zum Ufer und spuckte ihn auf den trockenen Strand.

Da endlich verstand Jona, dass er das, was Gott ihm aufgetragen hatte, auch tun musste. Er ging nach Ninive und
predigte den Menschen dort, sie sollten umkehren zu Gott.
Und tatsächlich taten sie das auch. So waren also die Menschen gerettet, und Gott freute sich.

So ähnlich ist das manchmal auch mit schwierigen Situationen oder
Entscheidungen: Es nutzt nichts, sie vor sich her zu schieben oder
davor wegzulaufen. Da muss man einfach durch. Wenn ich mich zum
Beispiel über jemanden geärgert habe und ihm das auch sage, dann
merke ich manchmal hinterher: Jetzt bin ich gar nicht mehr böse auf
ihn, jetzt ist es wieder o.k. zwischen uns. Und wenn ich mich endlich
für etwas entschieden habe, dann geht es mir viel besser als vorher,
dann ist es plötzlich gut, wie es ist.
Das zu tun, was Gott zu uns sagt, macht unser Leben hell.

Mose und der brennende Dornbusch

Mose ging es ähnlich wie Jona. Auch er bekam einen großen Auftrag von Gott und hatte überhaupt keine Lust, das zu tun, was Gott von ihm verlangte. Mose fand tausend Ausreden. Das ließ Gott aber nicht gelten. Und Mose spürte am Ende ganz tief in sich drin, dass er jetzt tun musste, was Gott ihm gesagt hatte, weil er es selbst auch wollte. Manchmal braucht es einfach ein bisschen Zeit, um das zu fühlen ... In der Bibel wird das im Alten Testament im Buch Exodus 2,23–4,18 so erzählt:

Mose lebte als Schäfer und war mit seinen Schafen unterwegs von Weide zu Weide, damit sie genug zu essen fanden. Dabei geriet er ziemlich weit in die Wüste. Plötzlich sah er vor sich einen Dornbusch, der brannte, aber nicht verbrannte. Er stand nur lichterloh in Flammen. Als er näher kam, sprach eine Stimme zu ihm aus diesem Dornbusch: „Mose, geh und befreie mein und dein Volk. Ich weiß, dass es den Israeliten sehr schlecht geht. Los, geh hin, hilf ihnen! Geh zum Pharao und sag ihm, dass er sie gehen lassen muss." Mose fiel vor Schreck fast um! „Aber, aber ...", stammelte er, „wieso denn ich? Niemand kennt mich dort, die werden doch alle gar nicht auf mich hören!"
Doch Gott antwortete: „Vertrau mir, Mose, ich bin bei dir. Sie werden dir folgen, glaub mir!"

Mose war noch nicht überzeugt. „Und wenn die Israeliten mich fragen, wer mich zu ihnen geschickt hat, dann muss ich ihnen doch einen Namen sagen können! Und was soll ich ihnen dann antworten?" „Sag ihnen: Der ‚Ich-bin-da', Jahwe, der Gott deiner und ihrer Väter schickt dich. Das ist mein Name für immer, und so werden mich alle nennen, die nach euch leben", antwortete ihm Gott.

Mose zitterte noch immer ein bisschen. Aber er traute sich noch mal nachzufragen: „Und was soll ich jetzt tun?"

„Geh nach Ägypten zu den Israeliten und erzähle ihnen, dass ich ihr Elend gesehen habe und ihnen helfen werde, zu fliehen. Ich werde euch in ein Land führen, in dem ihr wieder frei seid. Dann macht euch gemeinsam auf zum Pharao und sagt ihm, dass ihr gehen werdet, ob ihm das nun passt oder nicht."

„Äh, ich hätte da eine Zwischenfrage", sagte Mose vorsichtig. „Was ist, wenn die Israeliten mir nicht glauben? Wenn sie sagen: ‚Klar, du hast unseren Gott getroffen. Erzähl keinen Quatsch.'"

„Schluss jetzt, Mose", sagte Gott ganz laut, „jetzt pack deine Sachen und geh endlich!" „Aber ich kann doch so schlecht vor Menschen reden. Ich werde nur stammeln und stottern und sie werden mich nicht verstehen", flüsterte Mose verzweifelt.

„Davon habe ich aber bisher nichts gemerkt", meinte Gott. „Also gut, dann soll das dein Bruder Aaron machen. Er wird dir auf halbem Weg nach Ägypten entgegenkommen. Und dann kann er für dich reden. Und jetzt will ich nichts mehr hören!", rief Gott, denn Mose hatte schon wieder Luft geholt. „Geh jetzt, es ist höchste Zeit. Alles andere wird sich finden."

Da endlich zog Mose seine Sandalen wieder an, schnappte
sich seine Schafe und ging zurück nach Hause. Dann
erzählte er seinem Schwiegervater, dass er zu seinen Brüdern und Verwandten nach Ägypten müsse, packte seine
Familie und sein Hab und Gut auf einen Esel und machte
sich auf den Weg.

Mose wusste ab jetzt: Ich bin nie allein! Was ich auch tue, was auch
andere mir antun, was auch immer passiert: Gott ist da, Gott ist bei
mir und für mich da. Auf ihn kann ich mich verlassen. Und das gilt
auch für dich: Gott ist immer für dich da. Wenn du mal nicht weiter weißt oder wenn du vor etwas Angst hast: Denk daran, Gott ist
immer bei dir. Du bist nicht allein.

Wenn ich Streit habe

Josef und seine Brüder

Sarah ist stinksauer. Ich kann fast schon die dunklen Gewitterwolken sehen, die in ihrem Kopf herumpoltern. „Ich hasse ihn!", sagt sie ganz laut. Ich bin richtig erschrocken. „Wen hasst du?", frage ich vorsichtig nach. „Meinen kleinen Bruder." „Aha", sage ich, „und warum?" „Weil er mein Tagebuch gelesen hat, einfach so, und mich dann auch noch ausgelacht hat." Tränen schießen ihr in die Augen. „Ich habe ihn ordentlich geschubst und dann ist er kreischend zu Mama gelaufen. Jetzt bin ich wieder die Böse!", sprudelt es aus ihr heraus. „Manchmal wünsche ich mir, er wäre einfach weg."

Sarah und ich schweigen ein bisschen. Sarah grummelt noch immer. „Dazu gibt's bestimmt nichts in deiner Bibel", meint sie dann. „Sowas kannten die damals sicher noch nicht. Oder niemand wollte über kleine Brüder schreiben, das lohnt sich eh nicht", giftet sie.

„Doch, Sarah, da gibt es eine Geschichte. Die ist aber ganz schön heftig", antworte ich vorsichtig. „Kann nicht so schlimm sein wie mein Bruder", murmelt Sarah. Und dann schauen wir zusammen in das dicke Buch.

Ich habe an die Geschichte von Josef und seinen Brüdern gedacht. Du findest sie im Buch Genesis 37, und sie geht etwa so:

Josef hatte zehn Brüder, und er hatte alle schrecklich gern – was aber leider umgekehrt nicht so war. Eigentlich kein Wunder, denn Josef war der Jüngste und Jakob, der Vater, liebte ihn ganz besonders. Das zeigte er auch allen, und das gefiel seinen Geschwistern natürlich nicht besonders. Jakob schenkte Josef sogar einen bunten Mantel, der extra für ihn genäht worden war. „Wir können in aschgrau herumlaufen, während unser Herr Bruder wie ein Paradiesvogel durch die Gegend läuft, damit ihn auch ja alle sehen!", meckerte Juda. Nur Ruben, der

TOLLER MANTEL

Älteste, nahm Josef in Schutz. „Jetzt lasst ihn doch!", sagte er sanft. „Er ist eben ein bisschen anders als wir, aber er hat euch alle wirklich gern!" „Darauf kann ich gut verzichten", grummelte Juda.

Doch eines Tages wurde es seinen Brüdern dann einfach zu viel. „Ich habe heute Nacht was ganz Tolles geträumt", erzählte Josef, als sie alle mittags im Schatten saßen. Die anderen verdrehten die Augen. Seine Traumgeschichten kamen ihnen zu den Ohren raus. Immer wieder kam er damit. Was es wohl dieses Mal wieder war? „Also, wir waren auf dem Feld und haben das Getreide geerntet und zu Garben zusammengebunden. Und plötzlich stellte sich meine Garbe in die Mitte und ganz gerade hin. Und eure Garben, die stellten sich drum herum und verneigten sich vor ihr." Juda sah ihn von der Seite an und zeigte ihm einen Vogel. „Jetzt bist du völlig daneben, oder? Meinst du, du bist der König und wir sollen dann deine Untertanen sein oder was?" Josef sah ihn erstaunt an. „Ich habe sogar noch mehr geträumt", sagte er dann. „Ich stand in der Mitte und Sonne und Mond und elf Sterne haben sich vor mir verneigt." „Du spinnst ja!" Levi kochte vor Wut. Sein Bruder war echt bescheuert! Auch die anderen zogen nur die Augenbrauen hoch und standen auf, um zu den Tieren auf die Weide zu gehen. Josef blieb einfach sitzen und merkte gar nicht, dass die anderen sauer auf ihn waren, so sehr war er in seine Träume versunken.

Ein paar Tage später sagte Jakob zu Josef: „Die anderen sind nach Sichem gezogen mit den Tieren. Geh und such sie! Ich möchte wissen, ob es ihnen gut geht!" Also machte sich Josef in seinem bunten Mantel auf den Weg.

Seine Brüder sahen ihn schon von Weitem kommen. Mit dem Mantel war er auch nicht zu übersehen! „Wenn ich den schon sehe", grummelte Juda, „wie er dahergeschlendert kommt, während wir hier die Tiere hüten müssen. Ich hasse ihn." „Wie wäre es, wenn wir ihm eine kleine Lektion erteilen?", fragte Levi leise. „Wir könnten ihn in den leeren Brunnen werfen. Da kann er versauern und den toten Fröschen seine Träume erzählen!" Die anderen nickten unmerklich.

Als Josef bei ihnen ankam und sie zur Begrüßung umarmen wollte, packten sie ihn und ließen ihn in den leeren Brunnen fallen. „Da kannst du sogar am Tag die Sterne sehen und weiterträumen!", riefen sie ihm nach und lachten. Nur Ruben hatte Mitleid und auch ein bisschen Angst um Josef. „Jetzt hört auf damit, lasst ihn wieder raus!", sagte er. „Ich gehe und suche ein Seil." Die anderen zuckten mit den Schultern.

Sollte er eben gehen, wenn er ihn unbedingt retten wollte. Ruben war gerade hinter einer Düne verschwunden, als am Horizont eine Karawane auftauchte. Es waren Kaufleute aus Gilead, die nach Ägypten zogen, um dort ihre Waren umzuschlagen. Da hatte Simeon eine Idee. „Wir verkaufen Josef einfach, dann sind wir ihn endlich los." Die anderen waren einverstanden, und als die Karawane neben ihnen hielt, zogen sie Josef aus dem Brunnen. Sie verhandelten kurz über den Preis. Dann gaben sie ihren jüngsten Bruder den Kaufleuten mit.

Als kurz darauf Ruben zurückkam und nach Josef fragte, drückten ihm die anderen das Geld in die Hand. Sie waren richtig stolz auf ihren Einfall. Doch Ruben war völlig entsetzt. „Was habt ihr getan?", schrie er. „Was sollen wir denn jetzt Vater erzählen? Sollen wir ihm vielleicht noch das Geld geben? Ihr seid ja verrückt!"

Plötzlich schien den Brüdern die Idee mit dem Verkauf gar nicht mehr so gut. Alle schwiegen und scharrten betreten mit den Füßen im Sand. „Wir müssen uns etwas überlegen", meinte Ruben schließlich, „wir können hier ja nicht ewig rumstehen. Da liegt noch Josefs Mantel. Los, schlachtet eines der Schafe. Dann tränken wir ihn im Schafsblut. Wenn wir zu Hause sind, erzählen wir Papa, dass irgendein wildes Tier ihn gefressen haben muss und wir nur noch seinen Mantel gefunden haben." Das taten sie dann auch.

Als sie nach Hause zurückkamen und erzählten, was passiert war, konnte Jakob es nicht glauben. Er zerriss sein Hemd und seine Hose vor lauter Trauer, weinte lange und wollte mit niemandem mehr reden.

Josef war inzwischen in Ägypten angekommen. Dort wurde er an einen Hofbeamten des Pharao verkauft, der Potifar hieß. Josef fand es zwar schlimm, so weit weg von zu Hause zu sein. Und natürlich konnte er noch immer nicht verstehen, warum seine Brüder ihn einfach so verkauft hatten! Aber nun machte er das Beste daraus. Er strengte sich an und war nett zu allen, mit denen er zu tun hatte. Nach kurzer Zeit hatte Potifar ihn richtig liebgewonnen und vertraute ihm. Josef war für Potifar beinahe so etwas wie sein Sohn geworden.

Ich schaue Sarah in die Augen und versuche ihr etwas zu erklären: „Manchmal, wenn man böse auf jemanden ist, dann denkt man Sachen, die man eigentlich gar nicht so meint." Sarah sitzt still auf ihrem Stuhl und schiebt auf meinem Schreibtisch ein paar Krümel hin und her. Dann steht sie plötzlich auf und sagt: „Ich geh mal gucken, wo mein Bruder ist. Bestimmt hat Mama ihn in sein Zimmer geschickt. Vielleicht können wir ja zusammen was spielen ..." Und damit ist sie aus der Tür.

Wenn ich Angst habe

Jesus und der Sturm

Angst ist ein blödes Gefühl. Aber es gehört zum Leben dazu. Manchmal ist es sogar gut, dass wir Angst haben. Sie hält uns davon ab, Dinge zu tun, die zu gefährlich sind und bei denen wir uns verletzen könnten. Manchmal steht sie uns aber auch ganz schön im Weg. Dann nämlich, wenn wir uns etwas nicht trauen, Angst haben, dass etwas nicht gelingt, was wir eigentlich können. Oder wenn wir Angst haben, weil wir uns alleine fühlen. Dann hilft uns vor allem jemand, der uns zeigt: Ich bin da, du bist nicht allein. Ich weiß, dass du das kannst. In der Bibel gibt es viele Geschichten, in denen Gott genau das zu Menschen gesagt hat. Im Alten Testament sagt er sogar von sich, dass das sein Name ist: „Ich bin der ‚Ich-bin-da'." Und im Neuen Testament ist es Jesus, der seinen Freunden immer wieder sagt: „Hab keine Angst, ich bin bei dir. Du kannst das!" Eine besonders schöne Geschichte dazu ist die von Petrus. Du findest sie in Matthäus 14,22–33:

Jesus wollte ein bisschen alleine sein, nachdem er den ganzen Tag vor vielen Menschen gesprochen und auch einige geheilt hatte. Er blieb also am Ufer, während ein paar der Jünger mit dem Boot auf den See Genezareth hinausfuhren. Sie wollten Fische fangen. Doch plötzlich kam ein Sturm auf und das Boot wurde wie eine Nussschale hin und her geworfen. Die Jünger fürchteten sich sehr. Plötzlich kam Jesus über das Wasser auf sie zu. Jetzt hatten die Jünger nicht nur Angst zu ertrinken, sondern auch noch vor ihm. Sie dachten, er sei ein Gespenst. „Ich bin es", rief Jesus ihnen zu, „habt Mut, fürchtet euch nicht!"

Da sagte Petrus, der im Boot saß: „Jesus, wenn du es bist, dann befiel mir, dass ich auch über das Wasser zu dir komme." „Komm!", sagte Jesus nur und streckte die Hand nach ihm aus. Petrus kletterte aus dem Boot und ging auf Jesus zu. Doch plötzlich spürte er die hohen Wellen und den Wind. Er bekam wieder fürchterliche Angst und ging in den Wellen unter. „Hilf mir!", rief er Jesus zu. Der fasste seine Hände und zog ihn zu sich. „Du hast zu wenig Vertrauen, Petrus. Warum hast du gezweifelt, dass du das kannst? Ich bin doch bei dir!" Dann stiegen beide zusammen ins Boot der Jünger und der Sturm legte sich.

Wenn wir manchmal selbst nicht an uns glauben und an das, was wir alles können, brauchen wir jemanden wie Jesus, der uns seine Hand gibt und sagt: „Ich bin da — und du musst nichts weiter tun als zu vertrauen. Hab Vertrauen in dich, dann musst du keine Angst haben." Vielleicht ist dir schon mal aufgefallen: Jesus sieht nicht immer so aus, wie wir es von den Bildern in der Bibel kennen. Manchmal erlebst du ihn, wenn Mama oder Papa sagt: „Komm, ich bin da, du schaffst das!" oder wenn dein bester Freund, deine beste Freundin dir sagt: „Du brauchst keine Angst zu haben, ich weiß, dass du das kannst!" Dann nimm allen Mut zusammen und vertrau darauf, dass sie dich vielleicht sogar ein bisschen besser kennen als du dich selbst — so wie Jesus.

Wenn ich mich alleine fühle

Jesus und der Unberührbare

Es gibt Tage, da fühlt man sich, als wäre man allein auf der Welt: Niemand will mit dir reden, niemand ist nett zu dir, niemand will mit dir spielen. Du kommst dir fast vor, als hättest du eine ansteckende Krankheit, weil keiner etwas mit dir zu tun haben will. Das tut richtig weh. Und meistens wünschst du dir dann nichts mehr, als dass da jemand ist, der dich in den Arm nimmt und fragt: „Was ist mit dir? Warum stehst du hier allein? Komm doch zu mir, komm mit zu den anderen!"

Jesus war so einer. Er ist immer auf die zugegangen, die sich allein gefühlt haben, zu denen alle gesagt haben: „Bleib weg, du gehörst hier nicht dazu!" Eine Geschichte in der Bibel erzählt von einer solchen Begegnung. Du findest sie in Lukas 5,12–14 und sie geht so:

Jesus war mit seinen Freunden unterwegs. Wenn er in eine Stadt kam, dann liefen viele Menschen zusammen, um ihn zu sehen, ihm zuzuhören und sich von ihm heilen zu lassen. Eines Tages wollten Jesus und die Jünger gerade durch das Tor einer Stadt hineingehen, da zupfte eine Gestalt am Wegrand Jesus am Ärmel. Jesus blieb stehen und sah sich um. Am Boden sah er einen Haufen zerlumpte Kleider, und daraus sagte eine Stimme: „Herr, wenn du willst, kannst du machen, dass ich wieder gesund werde!"

Die Freunde von Jesus sprangen einen Schritt zurück und wollten ihn mitziehen. „Jesus, Vorsicht! Das ist ein

Aussätziger! Nicht anfassen!", riefen sie. Dazu muss man wissen, dass Aussatz eine schreckliche, sehr ansteckende Krankheit ist. Deshalb durften die Kranken nicht in der Gemeinschaft leben, sondern mussten vor den Städten in eigenen Siedlungen hausen, wo sie meistens nach einer langen Leidenszeit starben. Daher hatten die Freunde Jesu so eine Angst vor diesen Menschen, sie wollten selbst ja nicht angesteckt werden. Aber Jesus schüttelte sie ärgerlich ab und ging auf das Kleiderbündel zu. Plötzlich tauchte daraus ein Gesicht auf, das ihn anlächelte.

„Hallo!", sagte Jesus. Dann streckte er seine Hand aus und legte sie ihm an die Wange. „Huuuch!", machten seine Freunde und hielten die Luft an.

Jesus war das egal. Der Aussätzige war so verblüfft, dass er Jesus mit offenem Mund anschaute – und dann lief ihm eine Träne über das Gesicht. Seit Jahren hatte ihn niemand mehr berührt! Und dann sagte Jesus noch: „Ich will, dass du wieder gesund wirst!"

Die Freunde von Jesus hielten noch immer die Luft an. Und auch die anderen Menschen, die ans Stadttor gekommen waren, um Jesus zu begrüßen, waren ganz still. Da stand der Aussätzige auf, schaute auf seine Arme und Beine und konnte es nicht fassen: Der Aussatz war verschwunden! „Ich bin gesund!", rief er außer sich vor Freude und machte ein kleines Tänzchen. „Ich bin endlich wieder gesund! Schaut her, seht meine Haut: Ich bin wieder gesund! Danke, Herr, ich kann dir gar nicht genug danken." Dann umarmte er Jesus fest und lief davon in die Stadt hinein.

Sarah hat zu mir gesagt: „Aber mich muss man doch nicht heilen, wenn ich mich so allein fühle und die anderen so gemein zu mir sind!" „Hm, vielleicht doch?", habe ich ihr geantwortet. „Manchmal muss du vielleicht davon geheilt werden, dass du glaubst, du hättest eine Krankheit. Dann denkst du, das ist der Grund, warum die anderen dich nicht mitspielen lassen. Und tust dir selbst schrecklich leid. Dabei wartest du eigentlich darauf, dass die anderen zu dir kommen. Was passiert aber, wenn du zu ihnen hingehst und einfach mal fragst: ‚Kann ich mitspielen?'. Vielleicht merkst du, dass niemand was dagegen hat und sie sich sogar freuen, dass du fragst. Kann das sein?" Da musste Sarah erst mal drüber nachdenken.

Wenn immer nur die Großen zählen

Die Geschichte vom verlorenen Schaf

Heute haben wir es mal anders herum gemacht. Sarah hat mir eine Geschichte vorgelesen. Und das kam so:

Sarah saß bei mir im Büro am Fenster und malte. Ich habe ein paar Mails geschrieben und war in das Programm eines Kongresses vertieft, bei dem ich nächste Woche einen Vortrag halten soll. „Opaaa?", fragte Sarah. „Hmm?", antworte ich zerstreut. „Guck doch mal, ich hab den Noah gemalt mit seinem Boot!" „Ja, schön!", antwortete ich, ohne aufzusehen. Nach ein paar Minuten fragte Sarah wieder: „Opaaaa?" „Hmm?" „Wir haben heute in der Schule einen Kräutergarten gesät." „Schön, schön", murmelte ich. „Und wenn die groß sind, dann kochen wir zusammen und machen Pfefferminztee, ganz frisch." „Aha." Eine Weile war es still. „Opaaa?", fragte Sarah wieder. „Du, ich hab jetzt wirklich keine Zeit", sagte ich ziemlich laut, „ich muss da nächste Woche einen Vortrag halten bei diesem Kongress, da kann ich nicht …" „Was ist ein Kongress, Opa?" „Ach Sarah, dafür bist du noch zu klein, das erklär ich dir, wenn du das verstehen kannst."

Dann war es wieder still. Als ich nach ein paar Minuten aufsah, war Sarah aus dem Zimmer verschwunden – und ich hatte es nicht einmal bemerkt! Da hab ich mich ein bisschen geschämt. Also bin ich aufgestanden und habe Sarah gesucht. Sie saß im Wohnzimmer bei ihrer Oma auf der Couch und kuschelte ganz fest mit ihr. „Sarah, es tut mir leid", sagte ich zu ihr. „Komm, heute liest du mir eine Geschichte vor – eine, in der es um Erwachsene geht, die sich schrecklich wichtig nehmen." Da musste sie schmunzeln. Und dann hat sie mir die Geschichte von Jesus aus Matthäus 18,12–13 vorgelesen, sie geht etwa so:

Einmal kamen die Jünger zu Jesus und fragten ihn: „Sag mal, Jesus, wer wird denn der Größte und der Wichtigste im Himmelreich sein?" Jesus überlegte ein bisschen. Alle sahen ihn an und warteten. Nicht weit entfernt spielten ein paar Kinder im Sand. Jesus mochte Kinder. Und die Kinder mochten Jesus. Nicht nur, weil er schöne Geschichten erzählen konnte. Er war auch so nett zu ihnen. Und er hörte ihnen zu. Nicht so wie die meisten anderen Erwachsenen. Ein kleiner Junge sah neugierig herüber. „Komm her, stell dich mal hier in unsere Mitte ", sage Jesus freundlich. Der Kleine grinste die Großen an. Alle standen jetzt um ihn herum und schauten von oben auf ihn herunter. Nur Jesus ging in die Knie und streichelte ihm über den Kopf. „Wer der Größte sein wird, wollt ihr wissen? Ihr habt Fragen … Eins kann ich euch sagen: Wenn ihr nicht endlich umdenkt, dann ist das Himmelreich gar nichts für euch. Wenn ihr nicht so werdet wie dieses Kind hier, dann habt ihr da nichts zu suchen. Wer so klein sein kann wie dieses Kind, der wird im Himmelreich der Größte sein. Weil: In jedem Menschen trefft ihr auf Gott. Wer also ein Kind liebhat, wer auf es achtet und auch mal zuhört, was es sagt, der hört Gott zu, der achtet auf Gott. Also hütet euch davor, einen solchen kleinen Menschen zu verachten oder nicht gut mit ihm umzugehen!"

Die Jünger wurden ein bisschen rot. Irgendwie war ihnen ihre Frage jetzt peinlich. Aber so ganz verstanden hatten sie noch nicht, was Jesus meinte. Jesus versuchte es noch einmal: „Passt auf: Gott hat alle Menschen lieb. Er will nicht, dass einer von ihnen verloren geht, auch nicht der allerkleinste – oder vielleicht gerade der nicht. Ich erzähl euch eine Geschichte dazu: Ein Mann hatte hundert Schafe. Er zog mit ihnen hinaus auf die Weiden am Rand der Wüste. Als es Abend wurde, trieb er sie zusammen. Er wollte nämlich nicht, dass der Wolf eines frisst. Ihm waren die Schafe wichtig, er gab gut auf sie acht. Aber als er sie dann zählte, waren es nur noch neunundneunzig! Eines war verloren gegangen. Also zog er los, um es zu suchen. Er ließ die anderen neunundneunzig allein – nur seine Hunde passten auf sie auf. Aber das eine, das weggelaufen war, das wollte er unbedingt wiederfinden!

Und tatsächlich fand er es auch. Er nahm es auf die Schulter und freute sich. Das kennst du, kleiner Mann, bestimmt von deinem Papa!", sagte Jesus zu dem Jungen in der Mitte. Der nickte heftig. „Wenn dein Papa sich über dich freut, dann nimmt er dich auch auf die Schulter und trägt dich. Auch wenn du dafür eigentlich schon zu groß bist", Jesus zwinkerte dem Jungen zu. „Dann ging der Mann zurück zu seiner Herde. Er rief seine Freunde zusammen und sagte: ‚Schaut her! Ich habe mein verlorenes Schäfchen wiedergefunden! Ich freue mich so, kommt, freut euch mit mir! Ich mache euch etwas zu essen, es gibt etwas zu trinken, dann können wir feiern!' So ist es auch mit dem Himmelreich", sagte Jesus. „Mein Papa freut sich über alle Menschen. Gerade auch über die, die verloren gehen. Und über die Kleinen. Und über die, die auf die Kleinen achtgeben und selbst nicht die Größten sein wollen." Jetzt zwinkerte Jesus seinen Jüngern zu. Und die hatten verstanden.

„Na gut, Sarah", sage ich dann. „Erzähl doch mal: Was hast du sonst noch erlebt heute? Und was wollt ihr denn gemeinsam kochen — außer Pfefferminztee?"

Wenn ich traurig bin

Die Geschichte von Zachäus

Kennst du das? Wenn du zum Beispiel irgendwo neu hinkommst – eine neue Klasse, eine neue Schule – und da niemand ist, der dein Freund ist oder sein will. Das macht ganz schön traurig. Manchmal sind wir aber auch traurig, wenn wir etwas falsch gemacht haben und dann die anderen so tun, als wären wir Luft für sie, als wären wir gar nicht da.
Das Gefühl kannte Zachäus ziemlich gut. Seine Geschichte findest du in Lukas 19,1–10 und sie geht in etwa so:

Zachäus war Zöllner. Das heißt, er stand an einer Brücke, und wenn die Leute darüber gehen wollten, mussten sie ihm was dafür zahlen. Daher kannten ihn alle Menschen in seinem Dorf, denn er konnte ganz schön gemein werden, wenn jemand das Geld nicht hatte. „Dein Pech", sagte er dann, „jetzt musst du eben hier bleiben. Oder dir das Geld von irgendwem leihen." Schließlich war das sein Auftrag, aufzupassen, dass jeder das Geld bezahlte. Niemand konnte Zachäus leiden. Und weil das so war, verlangte er mehr Geld, als er eigentlich musste. „Wenn mich schon keiner mag, dann werde ich wenigstens reich", dachte er sich.
„Dieser kleine Wicht, der uns das Geld aus der Tasche zieht!", sagten die Menschen über ihn. „Der braucht doch gar nicht so viel Geld", sagten andere, „so kurze Kleider,

wie der anhat, die können doch nicht teuer sein." Zachäus war nämlich auch noch ziemlich klein gewachsen. Und wenn er so etwas über sich hörte, ging er schnell nach Hause, setzte sich in seinen Garten und weinte. „Wenn ich doch nur einen einzigen Menschen hätte, der mein Freund ist", schluchzte er, „ich würde alles dafür geben!"

Eines Tages saß er wieder mal an seiner Brücke, aber niemand kam. Keiner wollte heute auf die andere Seite. „Komisch", dachte Zachäus, „sonst ist doch immer Hochbetrieb um diese Zeit. Wo sind denn alle?" Als nach einer Stunde immer noch niemand kam, machte er sich Richtung Dorfmitte auf. Da waren sie! Alle strömten in eine Richtung und von weiter vorn hörte er Stimmen: „Er kommt! Da ist Jesus! Gleich ist er da!" „Jesus?", dachte Zachäus, „hab ich schon mal gehört. Er wandert mit seinen Freunden durch die Gegend und heilt Menschen und predigt." Plötzlich blieben alle stehen und stellten sich an den Straßenrand, um Jesus sehen zu können. Zachäus stand dazwischen und sah nur Beine und Rücken. „He, geh sofort von meinem Fuß runter!" und „Hol deinen Ellenbogen aus meinem Gesicht!", rief er den Menschen um sich zu. Aber die beachteten ihn gar nicht.

Plötzlich hatte Zachäus das feste Gefühl, dass er diesen Jesus unbedingt sehen musste. Da kam ihm eine Idee. Über die Straße hingen die Äste eines Baumes. Und beinahe wie ein Äffchen kletterte Zachäus den Stamm hinauf. Von hier oben hatte er einen tollen Blick! Niemand würde ihn von unten entdecken können. Da sah er auch schon Jesus die Straße herunterkommen.

Er ging ganz langsam, nahm sich für alle Zeit, schüttelte Hände, nahm Menschen in den Arm und ging in die Knie, um mit den Kindern zu sprechen.

Und dann – sah er Zachäus. Jesus schaute ihm tief in die Augen und Zachäus wurde es ganz warm. „Jetzt hat er mich doch entdeckt", dachte er. „Ein erwachsener Mann hockt wie ein Affe in einem Baum. Was muss er von mir denken!" Unsicher lächelte er Jesus an. „He, du", rief Jesus, „was tust du da oben?" „Ich, äh, ich konnte dich unten nicht sehen, dafür bin ich zu klein. Da bin ich in den Baum geklettert." „Wie heißt du?" Jesus war jetzt unter dem Baum angekommen und schaute Zachäus weiter an. „Zachäus", antwortete er schüchtern. Unten fingen die Menschen an zu murren. „Dieser Winzling, dieser Halsabschneider, dieser Zöllner", grummelten sie, „ausgerechnet mit dem redet Jesus!" „Los, Zachäus, komm da runter, ich möchte gern bei dir zu Hause mit dir am Tisch sitzen." So schnell war Zachäus noch nie von einem Baum geklettert. Schon stand er vor Jesus und grinste verlegen. „Tja, ich habe aber nicht viel da, weißt du, ich bekomme so selten Besuch", sagte er. „Eigentlich bekomme ich nie Besuch", dachte Zachäus bei sich, „ich weiß gar nicht, wie das geht! Hoffentlich mache ich jetzt nichts falsch." „Macht nichts", sagte Jesus, „lass uns gehen. Wir werden schon was finden." Jesus folgte Zachäus in sein Haus. Und plötzlich wusste Zachäus, wie das ging, wenn man Gäste hat. Er suchte das Beste, das er finden konnte, zusammen. Jesus saß am Tisch und schaute ihm zu. Und dann fing Zachäus an zu reden und konnte gar nicht mehr aufhören. Jesus hörte einfach nur zu und schaute ihn an. Zachäus ging es mit jedem Wort besser.

Er erzählte Jesus von seiner Arbeit – und merkte plötzlich, dass sie ihm überhaupt keinen Spaß machte. Er erzählte Jesus von den Menschen im Dorf, die er immer betrügt – und ihm fiel auf, dass er sie gar nicht wirklich kannte. Aber er wollte sie gerne kennenlernen. „Jesus, ich glaube, ich fange gleich jetzt damit an! Ich werde den Menschen all ihr Geld zurückgeben, das sie zu viel bezahlt haben. Und denen, die nichts haben, gebe ich von meinem Geld. Sie sollen alle zu mir kommen, in mein Haus. Ich wusste gar nicht, wie schön es ist, Gäste zu haben! Hier soll ab heute alles anders sein!" Jesus schmunzelte. „Zachäus, heute habe ich dich wiedergefunden", sagte er. „Und du hast dich auch wiedergefunden. Geh zu den Menschen im Dorf, sie warten auf dich!" Und das tat Zachäus auch.

Sarah hat mir über die Schulter geguckt, als ich das gelesen habe. „Und was ist, wenn aber doch gerade niemand da ist, mit dem ich reden kann? Niemand, der mir zuhört?", fragt sie. „Gott ist immer da. Und ihm kannst du wirklich immer alles erzählen. Er hört dir zu, auch wenn du ihn nicht siehst", habe ich geantwortet. „Vielleicht kannst du ihn ein bisschen spüren, hinterher, wenn es dir leichter ums Herz geworden ist." Sarah meinte, dass sie das mal ausprobieren will.

Die Emmausgeschichte

Als ich heute nach Hause komme, sitzt Sarah auf meinem Schreibtisch und schaut zum Fenster hinaus. „Hallo, Sarah!", sage ich erstaunt. „Bist du heute nicht bei Mia?" Doch Sarah antwortet nicht und schaut einfach weiter zum Fenster hinaus. „Sarah? Ist was passiert?", hake ich nach.

„Opa, wo gehen Menschen hin, wenn sie sterben?", fragt Sarah statt einer Antwort. Und hat die Augen voll Tränen. Ich nehme sie erst mal in den Arm. Und dann erzählt Sarah mir, dass Mias Oma heute Nacht gestorben ist, einfach so, obwohl sie gar nicht krank war. „Sie hat uns immer Pfannkuchen gemacht, nach der Schule. Und mit uns Karten gespielt. Und uns auf den Apfelbaum klettern lassen. ,Ich pass schon auf euch auf, wenn ihr auf euch aufpasst', hat sie dann gesagt."

Sarah ist schrecklich traurig und kann gar nicht aufhören zu weinen. Ich weiß nicht, ob ich sie damit wirklich trösten kann, aber ich lese ihr die Geschichte vor, die in Lukas 24,13–35 steht:

Kleopas saß mit Jakob im Schatten vor seinem Haus und schwieg. Sie konnten es einfach noch immer nicht fassen, dass Jesus tot war, ans Kreuz genagelt wie ein Verbrecher! Seit sie davon gehört hatten, saßen sie hier und konnten an nichts anderes mehr denken. Schließlich seufzte Kleopas und sagte: „Komm, lass uns ein Stück laufen. Wir gehen nach Emmaus, das ist nicht so weit und dort gibt es ein Gasthaus, in dem wir übernachten können. Das Gehen wird uns

guttun, und man kann einfacher denken und reden dabei."
Jakob war einverstanden. Das Herumsitzen und Schweigen
machte ihn immer noch trauriger und er wollte endlich mit
seinem besten Freund Kleopas über all das sprechen, was
geschehen war in den letzten Tagen. So gingen sie los und
waren bald in ein Gespräch vertieft. Sie merkten gar nicht,
dass sie einen anderen Wanderer einholten, der etwas
langsamer vor ihnen herging. Als sie ihn freundlich grüßten,
sagte er zu ihnen: „Entschuldigt bitte, ich wollte nicht lau-
schen, aber ihr geht schon eine Weile hinter mir, sodass ich
euer Gespräch mitgehört habe. Und was ihr erzählt, klingt
für mich sehr spannend. Wer ist denn dieser Jesus, von
dem ihr die ganze Zeit redet, und was ist ihm passiert?"
Da blieb Kleopas stehen und sagte traurig: „Kennst du dich
hier in der Gegend so wenig aus? Hast du dich in deinem
Zimmer versteckt in den letzten Tagen, dass du als Einziger
nicht weißt, was in Jerusalem mit Jesus passiert ist?"
„Was denn?", fragte der Wanderer.
Da fingen Kleopas und Jakob gleichzeitig an zu erzählen:
„Jesus war ein Prophet!" – „Er hat Kranke geheilt, sogar
Tote wieder auferstehen lassen!" – „Er hat uns von Gott
erzählt wie nie jemand zuvor!" – „Und dann haben ihn die
Hohepriester und Führer zum Tod verurteilt und einfach
so gekreuzigt."
Dann war es still. Nach einer Weile fügte Jakob hinzu:
„Dabei haben wir so große Hoffnungen auf ihn gesetzt.
Aber nun ist er schon
drei Tage tot."
„Aber wir
haben auch

EMMAUS

noch etwas anderes gehört", sagte Kleopas etwas zögernd. „Einige Frauen, die mit Jesus befreundet waren, gingen heute Morgen zu seinem Grab, um ihn noch einmal zu salben. Aber er war nicht mehr da! Als sie zu uns zurückkamen, waren sie schrecklich aufgeregt und sagten, ein Engel sei beim Grab gewesen und hätte ihnen gesagt: ‚Was sucht ihr den Lebenden bei den Toten? Jesus ist nicht tot, er lebt!' Wir konnten das gar nicht glauben und sind selbst noch einmal zum Grab gegangen. Alles war so, wie die Frauen uns das erzählt hatten. Aber weder den Engel noch Jesus selbst haben wir gesehen." „Versteht ihr denn nicht?", fragte da der Fremde plötzlich. Kleopas und Jakob sahen ihn verwundert an. „Schaut doch nur mal in die Schriften unserer Propheten! Eigentlich steht genau das dort, was Jesus passiert ist, über den Messias, der kommen soll, um Israel zu erlösen." Und dann fing er an, ihnen die Schriften zu deuten. Kleopas und Jakob hörten ihm gespannt und überrascht zu. Und plötzlich waren sie gar nicht mehr so traurig. Als sie Emmaus erreichten, wollte der fremde Wanderer vom Weg abbiegen und weitergehen.

„Bleib doch bei uns", sagte Kleopas zu ihm. „Sieh mal, der Tag ist fast zu Ende, es wird schon dunkel. Iss und trink mit uns, es tut uns gut, dass du da bist." Der Fremde ließ sich gern überreden und ging mit ihnen ins Gasthaus. Hier setzten sie sich an einen Tisch und bestellten ein Abendbrot. Als alles aufgetragen war, nahm der Fremde das Brot in die Hand, segnete es und brach es, um mit ihnen zu teilen. Da plötzlich verstanden Jakob und Kleopas, wer der Fremde war: niemand anderes als Jesus selbst! Sie waren den ganzen Tag mit ihm gewandert, ohne das zu bemerken!

Unglaublich! Erst jetzt, beim Brotbrechen, hatten sie ihn erkannt, das Brotbrechen war sozusagen sein Markenzeichen. Aber in der Sekunde, als sie vor Freude vom Tisch aufsprangen, war er vor ihren Augen verschwunden. Sie blieben allein zurück. Trotzdem jubelte Kleopas: „Er lebt, Jakob, er lebt tatsächlich!"

„Waren wir nicht Feuer und Flamme, als er sich unterwegs mit uns unterhalten hat? Haben wir es nicht eigentlich in unseren Herzen schon gespürt, dass er es ist?", fragte Jakob begeistert.

„Schnell, das müssen die anderen erfahren! Lass uns sofort wieder nach Jerusalem zurückgehen!" Und so liefen sie los, um den anderen Freunden von Jesus diese frohe Botschaft zu bringen.

Als ich am nächsten Tag von einem Termin nach Hause komme, sitzt Sarah wieder auf meinem Schreibtisch. Dieses Mal lächelt sie mir schon in der Tür zu. „Ich war heute Nachmittag bei Mia. Ihre Mama hat uns Pfannkuchen gemacht, und dann haben wir ganz viel und ganz lange über ihre Oma geredet. Wir mussten viel weinen, aber auch ein bisschen lachen, ihre Oma konnte so lustig sein! Und dann hat Mias Mama gesagt: ‚Wollt ihr nicht in den Apfelbaum klettern? Ich pass auf euch auf, wenn ihr auf euch aufpasst', und hat uns zugezwinkert. Mia und ich haben uns angeschaut und plötzlich gespürt: Die Oma ist nicht weg. Sie ist noch da, nur anders als vorher."
Dann habe ich mich zu Sarah auf den Schreibtisch gesetzt und wir haben zusammen ein bisschen aus dem Fenster geschaut.

Wenn ich mich frage, woher die Welt kommt

Die Geschichte vom Anfang der Welt

Sarah hat mir neulich erzählt, dass sie in der Schule darüber gesprochen haben, wie die Welt entstanden ist. „Unsere Lehrerin hat uns vom Urknall erzählt, von Evo...dingsbums", sagte sie. „Meinst du Evolution?", fragte ich nach. „Ja, genau, dass es erst die Pflanzen und die Tiere gab und am Schluss erst kam der Mensch." „Das ist wohl so gewesen", meinte ich. „Aber irgendwie verstehe ich das nicht", sagte Sarah. „Im Kommunionunterricht haben wir doch die Geschichte in der Bibel gelesen, die ganz am Anfang steht, und da macht Gott das alles, also Licht und Dunkel und Tiere und Menschen und so. Wie passt denn das zusammen?"

Da musste ich erst einmal nachdenken, wie ich ihr das erklären kann. Zuerst habe ich die Geschichte in der Bibel nachgelesen. Sie steht tatsächlich ganz am Anfang, in Genesis 1,1–2,4a, und geht etwa so:

Ganz am Anfang, da gab es noch nichts: keine Menschen, keine Tiere, keine Bäume, kein Strand und kein Meer. Die Erde war noch öde und leer. Das gefiel Gott nicht, also beschloss er, dass etwas sein sollte. Er sagte: „Es werde Licht!" Und schon gab es Licht. Gott nannte es Tag. Und dort, wo kein Licht war, war es dunkel. Das Dunkle nannte Gott Nacht. Und schon war der erste Tag vorbei.

Als es wieder Morgen wurde, überlegte Gott, was es noch geben sollte. Damit man sich besser zurechtfinden konnte, trennte er das Oben vom Unten. Oben nannte er Himmel

und Unten nannte er Erde. „Schön!",
dachte Gott. „Das ist gut so!" Und schon
war der zweite Tag vorbei.

Am nächsten Morgen schaute Gott
auf die Erde. Und damit man nicht
immer nasse Füße hatte, sammelte er
das Wasser an einer Stelle und der Rest trocknete schnell.
Das Nasse nannte er Meer und das Trockene Land. Dann
schaute er auf das Land und überlegte sich, dass er Pflanzen aller Art wachsen lassen wollte. Und als es überall
grünte und blühte und es langsam Abend wurde, war Gott
glücklich und fand es gut, was er da so gemacht hatte.
Schon war der dritte Tag vorbei.
Nachts schaute er in den Himmel, da war es ganz schön
dunkel. Als der Morgen kam, überlegte er sich, dass es
noch ein paar mehr Lichter geben sollte. Also machte er
ein größeres für den Tag und ein kleineres für die Nacht.
Das große nannte er Sonne und das kleinere Mond. Aber
nachts war es trotz Mond noch immer ziemlich dunkel. Da
erschuf Gott auch die Sterne. „Sehr schön!", dachte sich
Gott. „So ist es gut!" Und schon war der vierte Tag vorbei.
Morgens ging Gott auf seiner Erde spazieren. Irgendwie
kam es ihm trotz all der Pflanzen noch immer ziemlich
leer vor. „Du könntest noch ein bisschen Leben vertra-
gen", sagte er zu sich. Und so dachte er sich die Tiere aus:
Fische und Vögel, Insekten, Schmetterlinge und Spinnen,
Säugetiere und alles, was krabbeln und leben kann. Und als
alle um ihn herum flogen und schwammen, hüpften und
stampften, lachte er, so schön fand er seine Schöpfung.
Und schon war der fünfte Tag vorbei.

Als es wieder Morgen wurde, merkte er, dass noch immer etwas fehlte. Er sagte: „Lasst uns den Menschen machen! Er kann dann auf all das aufpassen, was ich geschaffen habe: die Erde, den Himmel, das Land und die Vögel, die Fische im Meer und alles, was lebt!" Und so schuf er den Menschen als Mann und als Frau. Dann sagte er zu ihnen: „Wie schön, dass es euch gibt! Bekommt Kinder und bevölkert die Erde. Ich freue mich, wenn es von euch viele auf der Erde gibt! Und all das, was ihr hier seht, gehört euch! Geht achtsam damit um, es gibt nur eine Schöpfung und sie gehört nicht nur euch, sondern auch euren Kindern und deren Kindern. Nutzt die Pflanzen und die Tiere, aber achtet darauf, dass es allen gut geht. Und jetzt los, schaut euch die Erde an!" Und schon liefen die beiden los. Gott dachte: „Sehr schön. Das ist gut!" Da war der sechste Tag vorbei. Als es wieder Morgen wurde, schaute Gott seine Erde und all ihre Bewohner mit neuen Augen an. Er freute sich, wie schön er alles gemacht hatte. „Heute werde ich endlich nichts tun!", sagte er.

Anschließend habe ich nochmal über den Urknall und die Evolution nachgelesen. Und ich glaube nicht, dass das eine gelogen ist und das andere die Wahrheit, sondern dass beides eigentlich das Gleiche meint. Sarah habe ich es so versucht zu erklären: Viele Wissenschaftler sagen heute, dass sie den Grund für den Urknall nicht kennen und auch nicht wissen, warum dann gerade das daraus geworden ist, was ist: die Erde und alles, was auf ihr lebt. Es gibt für vieles Erklärungen:

wie sich nach und nach die Pflanzen und die Tiere entwickelt haben und auch der Mensch. Aber warum das so war, kann letztlich keiner wirklich sagen. Die Geschichte in der Bibel sagt eigentlich nichts anderes – außer dass dieses Geheimnis, warum die Erde so geworden ist, einen Namen bekommt: Gott. Deshalb darf man die Bibelgeschichte auch nicht wörtlich nehmen: Es geht hier nicht darum, dass die Erde in sieben Tagen erschaffen wurde oder der Vogel vor dem Elefant oder so. Es geht nur darum zu sagen: Warum es die Erde und uns Menschen gibt, das ist letztlich ein Geheimnis.

Und wir Christen nennen dieses Geheimnis Gott.

Wenn ich mich frage, warum Menschen leiden

Noah und die Arche

Vielleicht bekommst du das manchmal mit: Da gibt es einen Vulkanausbruch, und ganz viele Menschen verlieren ihre Häuser und alles, was sie hatten. Da gibt es einen Erdrutsch, eine Flutwelle, einen Flugzeugabsturz, da gehen Schiffe unter und immer sterben dabei viele Menschen. Und dann fragst du dich: Warum ist das so? Warum gibt es so viele Menschen, die leiden müssen oder sogar ihr Leben verlieren? „Das kann doch Gott nicht so gewollt haben!", sagt Sarah zu mir. „Du sagst immer: Gott ist wie ein Papa zu den Menschen. Aber ein Papa lässt seine Kinder doch nicht sterben!" Da hat Sarah recht. Das ist echt eine ganz schwierige Frage. Vielleicht sogar die schwierigste überhaupt. Es gibt dazu eine Geschichte in der Bibel, aber auch die ist gar nicht so einfach zu verstehen, wie man vielleicht denkt. Du kennst sie bestimmt. Es ist die von Noah und der Arche und du findest sie in Genesis 6–9. Und das ist die Geschichte:

Noah war ein Mensch, den alle gern hatten. Er war nett und hörte den Menschen zu, die mit ihren Problemen und Sorgen zu ihm kamen. Er sah aber auch, dass ganz vieles nicht in Ordnung war auf der Welt und in der Zeit, in der er lebte. Einer log den anderen an. Einer sagte schlechte Dinge über den anderen. Einer tat dem anderen weh oder brachte ihn sogar um. Darüber war Noah sehr traurig.
Eines Nachts träumte er. Und im Traum sagte Gott zu ihm: „Noah, so kann das

mit den Menschen nicht mehr weitergehen. Ich möchte noch einmal neu anfangen mit ihnen. Deshalb werde ich eine Flut über die Erde schicken, damit alles Böse untergeht. Damit aber das Leben danach weitergehen kann, musst du eine Arche bauen, ein großes Schiff, in dem von allen Tieren, die es gibt, ein Männchen und ein Weibchen Platz haben. Nimm sie mit in die Arche. Und nimm auch deine Familie mit: deine Frau und deine drei Söhne mit ihren Frauen." Als Noah morgens aufwachte, wusste er, was er zu tun hatte. Aber als er beim Frühstück seiner Familie davon erzählte, konnten die es gar nicht glauben. „Noah, das hast du nur geträumt. Was sollen wir mit einem Schiff? Wir wohnen ja nicht mal in der Nähe des Meeres!", sagte seine Frau. Und auch seine Kinder konnten überhaupt nicht verstehen, warum sie ihm helfen sollten, die Arche zu bauen. Plötzlich war Noah ein bisschen durcheinander und fragte sich, ob wirklich Gott zu ihm im Traum gesprochen hatte.

Doch kaum war er abends eingeschlafen, träumte er wieder. Und wieder sprach Gott zu ihm: „ Noah, du musst das Boot bauen! Aus Zedernholz, mit drei Etagen und einem Dach. Und innen musst du die Arche mit Pech abdichten. Du hast sieben Tage Zeit, dann schicke ich die Flut."

Jetzt war Noah sich ganz sicher, dass er sich nicht geirrt hatte. Und gleich am nächsten Morgen ging er an die Arbeit. Seine Söhne standen daneben und schauten sich ratlos an. Dann zuckten sie mit den Schultern und halfen ihrem Vater. Die Arche wuchs und wuchs mit jedem Tag und bald schon konnten sie das Dach darauf setzen.

Am letzten Tag, bevor die Flut kommen sollte, holte Noah alle Tiere und vor der Arche bildete sich eine riesige Schlange! Da bellte, krähte, miaute und trompetete es von überall her. Noah stellte fest, ob tatsächlich immer zwei Tiere von jeder Art da waren. Seine Kinder halfen ihm dann dabei, die Tiere in der Arche zu verstauen.

Und schon begann es zu tröpfeln. Aus dem Tröpfeln wurde ein Trommeln, dann ein Gießen und schließlich ein Schütten. Zunächst lag die Arche ein bisschen schief auf dem Land. Dann gab es genug Wasser, dass sie aufrecht schwimmen konnte. Es regnete und regnete, ganze 40 Tage lang. Und dann hörte es auf.

Noah stand an der Reling der Arche. „Es hat aufgehört!", rief er nach unten. Vorsichtig erschien ein Gesicht nach dem anderen an Deck oder an den Luken und schaute nach draußen. „Mal sehen, ob wir raus können", meinte Noah.

Noah schickte eine Taube aus. Die kam aber schon bald zurück, weil sie nichts gefunden hatte, auf das sie sich setzen konnte. Die Erde war noch überschwemmt vom Wasser. „Dann warten wir noch ein bisschen", sagte Noah. Nach sieben Tagen schickte Noah wieder die Taube aus. Sie flog los und kam mit einem frischen Olivenzweig wieder. „Die Bäume ragen wieder aus dem Wasser heraus!", rief Noah fröhlich. „Aber wir warten noch ein bisschen, bis es wirklich wieder ganz trocken ist."

Nach sieben weiteren Tagen schickte er noch einmal die Taube aus. Sie flog los — und kam nicht wieder. Und am Nachmittag landete die Arche mit einem kleinen Rumms auf der trockenen Erde. „Alle raus!", rief Noah, so laut er konnte. Seine Söhne öffneten die Türen und alle, Tiere und Menschen, strömten voller Freude aufs Land – endlich wieder Boden unter den Füßen! Da erschien plötzlich über dem ganzen Himmel ein riesiger Regenbogen. Und dann hörten alle, wie Gott sagte: „Jetzt ist es genug. Ich will nie mehr eine so schlimme Flut schicken, das verspreche ich euch. Und der Regenbogen ist ein Zeichen für dieses Versprechen – immer, wenn ihr ihn seht, könnt ihr euch daran erinnern. Und jetzt geht und macht die Erde wieder lebendig!"

„Aber wenn Gott doch versprochen hat, nie wieder eine Flut zu schicken, warum gibt es sie denn trotzdem heute immer wieder? Warum müssen noch immer Menschen sterben?", fragt Sarah, als wir fertig sind mit der Geschichte. „Jedenfalls nicht, weil Gott das so wollte oder weil er womöglich noch die Menschen damit bestrafen will", antworte ich ihr. „Das steht hier eindeutig: Gott hat es versprochen, und er bricht seine Versprechen nicht." „Ich versteh das immer noch nicht", sagt Sarah zweifelnd. „Sarah, ich glaube, es gibt auf diese Frage keine Antwort. Manchmal muss man wohl damit leben, dass es Sachen gibt, die völlig sinnlos sind und einfach nur schlimm. Was ich aber noch wichtiger finde: Wenn Menschen leiden, dann nicht, weil Gott das so gewollt hätte. Ganz im Gegenteil: Wenn Menschen leiden, dann ist Gott immer an ihrer Seite. Das zumindest weiß ich ganz bestimmt. Was ich aber auch weiß: Wer in diese Welt kommt, wird irgendwann auch wieder sterben. Deswegen sind wir immer gefährdet und gibt es immer auch Leid. Alle Menschen sterben und gehen dann weiter zu Gott in den Himmel. Ich bin mehr als mein Körper. Bei Gott können wir auch ohne unseren jetzigen Körper weiterleben."

Wenn ich mich
frage, warum wir
an Weihnachten
Geschenke bekommen

Jesus kommt auf die Welt

„Hihi, heute haben wir in der Schule in Religion ein Quiz gemacht, und Mia wusste nicht mal, was wir an Weihnachten eigentlich feiern!" Sarah kichert vor sich hin. „Weißt du es denn?", frage ich. „Klar! Seit ich auf der Welt bin, liest du uns doch jedes Jahr am Heiligabend die Weihnachtsgeschichte aus der Bibel vor. Die kann ich ja schon fast auswendig: Es begab sich aber ..." „Na gut, na gut", Ich muss schmunzeln. „Aber weißt du auch, warum wir an Weihnachten Geschenke bekommen?" Sarah hört auf zu kichern und zieht die Nase kraus. „Nö", sagt sie dann. „Vielleicht sollten wir die Geschichte doch noch mal nachlesen?" Das tun wir dann. Sie steht in Lukas 2,1–20 und geht in etwa so:

Vor ein paar Wochen hatte der Ausrufer (das ist so was Ähnliches wie ein Postbote) auf dem Marktplatz eine Idee des Römischen Kaisers verkündet. Alle Menschen in Israel sollten in ihre Heimatstadt reisen, um sich dort in eine Liste einzutragen. Damit wollte der Kaiser herausfinden, wie viele Menschen in seinem Reich lebten. Josef lebte in Nazaret. Aber eigentlich kam er aus Betlehem. Also musste er sich wohl oder übel auf den Weg machen. Eigentlich wäre das kein Problem gewesen, aber Maria, seine Frau, war hochschwanger. Und für sie war der Weg ganz schön weit und schwer. Trotzdem brachen sie eines Morgens auf. Immerhin hatte Josef einen Esel, auf dem Maria reiten konnte. Das schwankte zwar immer wieder, aber alles war besser als laufen.

Als sie endlich in Betlehem ankamen, waren die Straßen total verstopft. Man kam kaum einen Meter vorwärts. „Es wird schon dunkel, wir müssen schauen, dass wir eine Herberge finden", sagte Josef. Maria war blass und er machte sich Sorgen um sie. „So ein Unsinn, diese Reise!", dachte er bei sich, „für Maria ist das viel zu anstrengend, jetzt, wo sie das Baby erwartet." Aber wo sie auch fragten, bei wem sie auch klopften: Nirgends gab es mehr einen Platz für sie beide.

Schließlich hatte ein Wirt Mitleid mit ihnen – Maria sah schrecklich müde aus. „Ich habe auch keinen Schlafplatz mehr, aber wenn ihr wollt, könnt ihr im Stall schlafen. Zumindest habt ihr dann ein Dach über dem Kopf und es ist halbwegs geschützt."

Maria nickte und Josef bedankte sich bei dem Mann, nachdem er ihnen den Weg gezeigt hatte. Jetzt wollten sie einfach nur noch ausruhen.

Aber kaum hatte Maria sich ins Stroh gelegt, als plötzlich die Wehen einsetzten. „Josef, das Kind kommt!", sagte Maria erschrocken. Es dauerte eine Weile, aber dann war das Kind mit Josefs Hilfe plötzlich da und schrie, dass der alte Ochse, der im Stall stand, und Marias Esel ganz unruhig wurden.

Josef legte Maria den Kleinen in den Arm. Der fing gleich an, an ihrer Brust zu nuckeln. Jetzt war es endlich still im Stall. Josef setzte sich hinter Maria, sodass sie sich an ihn anlehnen konnte. Dann breitete er seinen Mantel aus und nahm Maria und das Kind in seine Arme. Josef war glücklich!

„Wir werden ihn Jesus nennen, so wie der Engel dir gesagt hat, als er dich vor ein paar Monaten im Traum besucht hat", sagte Josef. Er schaute auf den Kleinen und hätte ihn am liebsten geküsst. „Gott hat Großes mit ihm vor, hat er noch gesagt", ergänzte Maria. Josef schaute das Kind an. Maria lächelte und gab ihm einen Kuss. Plötzlich wurde es hell um sie. Und ganz warm. „Spürst du es?", fragte Maria leise, „er ist wieder da, der Engel!" „Ja", flüsterte Josef zurück.

Zur gleichen Zeit waren draußen vor dem Stall auf den Feldern Hirten mit ihren Schafen auf der Weide. Sie hatten die Tiere für die Nacht zusammengetrieben und saßen gemeinsam am Feuer, als sie plötzlich den hellen Schein am Himmel sahen. Zuerst hatten sie große Angst – sie konnten sich nicht erklären, was da passierte. Doch dann hörten sie eine Stimme, die zu ihnen sprach: „Fürchtet euch nicht, denn ich verkünde euch eine große Freude. Heute ist euch der Heiland, der Retter geboren! Und daran könnt ihr ihn erkennen: Ihr werdet ein Kind finden, das in einer Krippe liegt und in Windeln gewickelt ist."
Dann verschwand der Engel wieder.

Die Hirten rieben sich die Augen, so hell war der Schein in der Nacht gewesen. Doch dann spürten sie: Wir müssen dieses Kind finden! „Kommt, lasst uns nach Betlehem gehen", sagten sie zueinander, „dort werden wir schon sehen, wohin wir müssen." Und so machten sie sich auf. Schon von Weitem sahen sie den hellen Schein über dem Stall und klopften vorsichtig an die Tür. Josef war erstaunt, dass sie hier jemand besuchen wollte, zumal zu dieser späten Stunde!

Etwas misstrauisch lugte er aus dem Tor und sah die Hirten davor stehen. „Wir haben den Schein gesehen und der Engel hat uns gesagt, dass wir hier ein Kind finden, in Windeln gewickelt und in einer Krippe liegend", sagte einer von ihnen schüchtern. Jetzt war Josef noch erstaunter – nicht nur Maria und er hatten den Engel gespürt, sondern auch die Hirten! Und er hatte sie zu ihnen geschickt! „Kommt herein, der Kleine schläft gerade. Also seid leise!", mahnte Josef und legte den Zeigefinger auf die Lippen. Die Hirten schlüpften durchs Tor und einer nach dem anderen stellte sich an die Futterkrippe, in die Maria Jesus inzwischen gelegt hatte. Er schlief tief und fest und die Hirten konnten gar nicht genug bekommen von diesem besonderen Kind und dem Frieden, den sie hier in seiner Nähe spürten.

Irgendwann standen sie auf und verabschiedeten sich leise von Maria und Josef. „Wir werden allen, die wir treffen, von eurem wunderbaren Kind erzählen", sagten sie beim Gehen, „etwas ist geschehen, mit ihm ist wirklich unser Retter geboren."

Als sie endlich wieder allein mit Jesus waren, schauten sich Josef und Maria lächelnd an – und es war, als ob der Engel seine Flügel ausbreitete und sie alle drei fest in seine Arme nahm.

„Und warum bekommen wir jetzt Geschenke an Weihnachten?", fragt Sarah. „Weil Gott uns ein ganz, ganz großes Geschenk gemacht hat. Er hat uns Menschen seinen Sohn geschenkt in Betlehem. Und um uns daran zu erinnern, machen wir uns auch gegenseitig Geschenke, über die wir uns freuen", antwortete ich. „Das muss ich morgen gleich mal Mia erzählen. Die denkt nämlich, dass das Christkind selbst die Geschenke durch das Fenster bringt", meint Sarah.

Wenn ich mich frage, was richtig und was falsch ist

Die Geschichte vom verlorenen Sohn

Sarah sitzt am Esszimmertisch und malt. „Du, Opa?", fragt sie irgendwann. Ich schaue von meiner Zeitung auf. „Ja?" „In der Erstkommunionvorbereitung haben wir ganz viel über die Zehn Gebote gesprochen. Und dass sie sowas sind wie Wegweiser im Leben. Wenn man da lang geht, wo sie hinzeigen, dann wird alles gut. Stimmt das so?" „Hm." Ich muss kurz überlegen. „Ich denke, so könnte man das sagen." „Aber da stehen so viele Sachen drin, an die KANN man sich doch gar nicht immer halten. Hast du zum Beispiel noch nie gelogen?" „Da müsste ich jetzt lügen, wenn ich das behaupten würde", antworte ich schmunzelnd. Sarah lacht. Dann wird sie wieder ernst. „Aber wie ist das denn jetzt — wenn ich zum Beispiel mal lüge oder auch mal richtig Mist baue, wenn ich Papa oder Mama ganz traurig mache oder vielleicht sogar mal im Gefängnis lande, wird dann alles schlimm? Ist dann alles zu Ende?"

„Dazu gibt es eine wunderbare Geschichte in der Bibel", sage ich. Sarah grinst. „Das hab ich mir fast gedacht!", meint sie. „Darüber habt ihr vielleicht auch schon in der Erstkommunionvorbereitung gesprochen", fahre ich fort, „wenn Jesus den Menschen was erklären wollte, dann hat er nicht gesagt: ‚Mach das so' oder ‚Ihr müsst aber ...', sondern hat ihnen eine Geschichte erzählt. Und meistens haben die, die ihm zuhörten, dann ganz schnell verstanden, was er damit meint. Die Bibel nennt diese Geschichten ‚Gleichnisse', und fast immer geht es darin um Gott. Also um den Papa von Jesus. Er hat ihn sogar Papa genannt! Und in einer dieser Gleichnisse geht es darum, was passiert, wenn man wirklich alles falsch gemacht hat. Es ist die Geschichte vom verlorenen Sohn, du findest sie in Lukas 15,11–32 und sie geht in etwa so:"

Da ist ein Papa, der hat zwei Söhne. Er hat beide sehr lieb.
Der eine war immer zu Hause und half auf dem Bauernhof
und den Feldern. Da gab es immer etwas zu tun. Der andere Sohn interessierte sich überhaupt nicht für die Tiere.
Und Pflanzen fand er auch doof. Und irgendwie wollte er
weg von zu Hause. „Hier gibt's doch jeden Tag immer nur
das Gleiche: Ziegen und Ziegen und Schafe. Das ist mir zu
langweilig", dachte er sich. Also ging er zu seinem Papa
und sagte: „Ich muss hier mal weg. Aber ich hab kein Geld.
Kannst du mir das geben, was ich von dir erben würde? Ich
fang woanders ganz neu an. Du kannst mich ja mal besuchen!"
Der Vater war ziemlich traurig. Aber er gab seinem Sohn
trotzdem das Geld. „Hoffentlich wird der Junge glücklich.
Mehr will ich ja gar nicht", dachte er. Am nächsten Tag
packte der Sohn sein Bündel und ging.
Es war so spannend, ganz allein unterwegs zu sein! Alles
war neu! Endlich konnte er mal tun und lassen, was er wollte. „Niemand mehr, der mir sagt, wann ich die Tiere füt-
tern muss und dass der Stall noch repariert werden soll",
freute er sich. „Ich leg mich jetzt ins Gras und tu erst mal
gar nichts." Als er davon genug hatte, ging er in die nächste Stadt und mietete sich ein Zimmer in einem Gasthaus.
Jetzt hatte er ja Geld! Abends ging er weg und ließ es sich
gutgehen. Plötzlich hatte er ganz viele neue Freunde, denn
die Menschen waren so nett zu ihm, wenn er ihnen was zu
trinken spendierte und die Nacht durchtanzte mit ihnen.

„Das ist das echte Leben!", dachte er, „ganz im Gegensatz zu dem stinklangweiligen Kuhkaff mit seinem noch langweiligeren Bauernhof!" So ging das ein paar Wochen – bis sein Geld alle war. „Das ist sicher kein Problem, dann leih ich mir was bei meinen Freunden", sagte sich der Sohn. Aber plötzlich waren alle gar nicht mehr nett zu ihm. Manche taten sogar so, als würden sie ihn gar nicht kennen. Dann warf ihn der Wirt aus seinem Zimmer, das konnte er nämlich auch nicht mehr bezahlen. Der Sohn verstand die Welt nicht mehr. Eine Weile saß er auf der Straße herum. Dann dachte er: „Ich brauche ein Dach über dem Kopf. Also werde ich mal einen Bauern fragen, ob ich im Stall schlafen darf." So machte er sich wieder auf den Weg in die Dörfer. Die Bauern schauten ihn misstrauisch an. Manche scheuchten ihn weg, bei anderen durfte er eine Nacht bleiben. Aber er hatte solchen Hunger! Als er einen Bauern nach ein bisschen Brot fragte, antwortete der: „Wenn du morgen die Schweine hütest, kannst du am Abend vielleicht die Reste von uns bekommen." Das war so ziemlich das Schlimmste, was man damals tun konnte: Schweine hüten. Doch weil er irgendwann so einen Hunger hatte, tat er es trotzdem und hätte ihnen beinah ihr Futter weggegessen. Er fühlte sich schrecklich – so arm, so dreckig, so elend.

„So schlecht wie ich hat es keiner, der bei meinem Papa auf dem Feld arbeitet", sagte er sich am nächsten Morgen. „Ich bin ein solcher Idiot! Ich habe mich wirklich zu blöd benommen. Jetzt nehme ich allen Mut zusammen und gehe wieder nach Hause. Dann sage ich Papa einfach, wie es gewesen ist. Und dass es mir leid tut. Vielleicht frage ich ihn, ob ich nicht als sein Knecht auf dem Feld arbeiten kann und er gibt mir dafür wenigstens wieder ein Dach über dem Kopf und etwas zu essen."

Also ging er los. Er schämte sich und hatte ein ganz komisches Gefühl im Bauch, als er das Haus unten im Tal liegen sah. Da stand sein Papa und kehrte den Hof, das konnte er von hier aus sehen! Er kam noch ein bisschen näher. Und da entdeckte ihn sein Papa. „Was wird jetzt wohl passieren? Er wird bestimmt mit mir schimpfen und mich nicht mehr haben wollen", dachte der Sohn. Doch sein Papa hatte den Besen weggeworfen und kam auf ihn zugelaufen. Er nahm ihn fest in die Arme und drückte ihm einen Kuss auf die Stirn.

„Papa, es tut mir so leid!", sagte der Sohn und musste fast weinen. „Ich hab nichts mehr von dem Geld, das du mir gegeben hast! Alles habe ich ausgegeben. Kannst du mich vielleicht als deinen Knecht einstellen? Ich mach auch jede Arbeit, die du mir sagst. Nur ein Dach über dem Kopf brauche ich und etwas zu essen. Geht das?" „Ach, Sohn! Es ist so schön, dass du wieder da bist!", sagte sein Vater. Dann rief er einen Knecht und sagte zu ihm: „Los, bring mir das beste Gewand, das wir haben. Zieht es ihm an, damit er wieder aussieht wie ein Mensch.
Dann schlachtet ein Kalb, heute
Abend wollen wir feiern!
Mein Sohn war so gut
wie tot. Ich dachte, ich
sehe ihn nie wieder.
Jetzt lebt er wieder!

Ich hatte ihn verloren, jetzt habe ich ihn wiedergefunden!"
Er nahm ihn bei der Hand und sie setzten sich zu Hause an
den Tisch. Dann feierten sie mit allen, die im Haus waren,
ein Freudenfest. Später kam der andere Sohn vom Feld und
sah schon von Weitem, dass auf dem Bauernhof gefeiert
wurde. Als er auf den Hof kam, saß sein Bruder auf seinem
Platz am Tisch. „Das ist doch wohl nicht wahr!", rief er.
„Was ist denn, mein Sohn?", fragte der Vater. Er stand auf
und kam zu ihm. „Dieser Nichtsnutz", giftete der Ältere. „Er
hat all dein Geld verschleudert und dich einfach allein ge-
lassen! Und jetzt bekommt er auch noch ein Fest! Für mich
hast du nie auch nur eine Ziege geschlachtet und mal mit
mir gefeiert! Aber der da, dem hängst du gleich auch noch
die besten Kleider um, das ist ungerecht!" „Aber mein
Sohn", sagte der Vater sanft, „du bist doch immer bei mir!
Alles, was mir gehört, gehört auch dir. Du kannst dir von
allem nehmen. Aber dein Bruder, stell dir vor: Er war so gut
wie tot! Jetzt lebt er wieder. Ich hatte ihn verloren und nun
habe ich ihn wiedergefunden! Komm, freu dich mit uns."

„Hm, so wirklich gerecht ist das aber echt nicht", meint Sarah. „Ich
glaube, ich wär dann auch stinksauer, wenn mein Bruder wiederkäme
und plötzlich ist einfach so wieder alles in Ordnung." „Aber jetzt stell
dir mal vor, du wärst der Sohn, der alles falsch gemacht hat und dem
es wirklich leid tut, dass er sich so verhalten hat. Würdest du dir
nicht auch nichts mehr wünschen, als dass dich dein Papa einfach in
den Arm nimmt und dir verzeiht?", frage ich. Sarah überlegt.

„Natürlich", sagt sie dann. „Ich könnte es einfach nicht aushalten, dass Papa böse auf mich ist." „Siehst du", antworte ich, „Gott ist eben wie ein guter Papa für die Menschen …"

Wenn ich mich frage,
ob es Wunder gibt

Jesus, das Brot und die Fische

„Der Till aus meiner Klasse hat gesagt, in der Bibel stehen nur Märchen." Sarah steht vor mir und stützt die Hände in ihre Hüften. Ich bin ein bisschen überrumpelt. „Äh, was meint er denn damit?", frage ich. „Dass ganz vieles von dem, was da steht, so gar nicht passiert sein kann, dass das eben nur Geschichten sind", antwortet sie und guckt mich abwartend an. „Welche denn zum Beispiel?", will ich wissen. „Zum Beispiel die Geschichte mit den fünf Broten und zwei Fischen", meint Sarah.
„Die Brotvermehrung? Hm, vielleicht lesen wir erst mal nach, was da steht", sage ich. Die Geschichte steht in Lukas 9,10–17 und geht ungefähr so:

Jesus und seine Freunde waren am See Genezareth unterwegs. Mittags machten sie Rast und setzten sich ans Ufer. Doch einige Menschen hatten ihn erkannt, und in kürzester Zeit hatte sich das herumgesprochen. Viele Menschen kamen zusammen und es wurden immer mehr. Sie wollten Jesus sehen und hören, mit ihm reden. Jesus ging zu allen hin. Er hörte zu. Und er redete mit ihnen. Manche wollten auch einfach nur neben ihm sitzen und ein bisschen gemeinsam still sein. Auch das machte Jesus. Und mit den Kindern spielte er Fangen.

Dann wurde es Abend und plötzlich merkten alle, dass sie Hunger hatten. „Du, Jesus", sagte Petrus, „was machen wir jetzt? Kannst du die Menschen nicht nach Hause schicken? Es ist schon ziemlich spät. Dann können sie in den Dörfern ringsum wenigstens noch etwas zu essen kaufen. Wir haben nämlich auch Hunger, aber wir können ja schlecht unser Brot auspacken, wenn die anderen nichts haben. Was meinst du?"

„Ihr braucht die Menschen nicht wegzuschicken", antwortete Jesus. „Gebt ihnen einfach etwas ab von dem, was ihr habt." „Aber Jesus, das sind bestimmt fast fünftausend Menschen! Und wir haben gerade mal – warte, ich schaue nach – fünf Brote und zwei Fische! Das reicht ja kaum für uns!" Petrus war ratlos. Jesus saß im Gras und kaute an einem Halm. „Hm, bringt mir mal die Brote und die Fische", meinte er dann. Petrus zog die Augenbrauen hoch und schaute etwas erstaunt, aber er sagte nichts und holte Fische und Brot. Dann hielt Jesus die Hände über beides und betete. Anschließend nahm er das Brot und brach es in kleine Stücke. Auch den Fisch zerteilte er in kleine Häppchen. „Warte", sagte Maria-Magdalena. „Schau, ich habe die Frauen um ein paar Körbe gebeten. Leg die Stücke hier hinein, dann kann sich jeder etwas nehmen." Jesus lächelte sie an. „Gute Idee! Magst du sie den Menschen bringen?" Maria-Magdalena nickte. Dann drückte sie Andreas zwei der Körbe in die Hand und ging los.

Jesus saß weiter im Gras. Langsam sank die Sonne über dem See. Friedlich saßen die Menschen in Grüppchen zusammen, lachten, erzählten – und kauten genüsslich auf den Stückchen vom Brot und von den Fischen.

Nach einiger Zeit kam Petrus atemlos zu Jesus. „Jesus, du wirst es nicht glauben!", rief er. „Alle sind satt geworden. Und schau mal: Es sind noch zwölf Körbe voll Brotstückchen übrig! Wie ist das möglich?" Er ließ sich neben Jesus ins Gras plumpsen. „Hier, nimm du dir doch auch mal etwas, du hast noch gar nichts gegessen!" Petrus hielt Jesus einen der Körbe unter die Nase. „Mmm, wie das duftet!", sagte Jesus und roch an einem Brotstückchen. „Jetzt sag schon, Jesus", drängelte Petrus, „wie kann das sein? So viele Menschen, so wenig zu essen – und alle werden satt?" Jesus lächelte Petrus an. „Das, mein Lieber, passiert, wenn man bereit ist, mit den anderen zu teilen. Frag mich nicht, wie das ‚geht', ich weiß es nicht. Außerdem bin ich kein Zauberer. Aber wenn Menschen miteinander teilen, dann ist das doch sowas wie ein Wunder. Liebe zueinander ist das einzige auf dieser Welt, das wächst, wenn man sie teilt. So ist Gott. Er teilt seine Liebe aus und behält sie nicht für sich." Da nahm Petrus Jesus fest in den Arm. Und dann teilten sie sich noch ein Stückchen Brot und schauten schweigend auf den See.

„Aber wie war das denn jetzt möglich?", fragt Sarah, als wir fertig sind. „Hat Jesus doch gezaubert?" „Ich glaube, Sarah: Wenn es für einen reicht, reicht es immer auch für zwei Menschen", sage ich. „Und dann haben die, die noch Proviant in der Tasche hatten, sich vielleicht auch getraut, ihr Brot auszupacken und es mit den anderen zu teilen. Am Ende war es viel mehr, als alle dachten." „Aber das war früher so, oder? Heute gibt es keine Wunder mehr, das würde doch in der Zeitung stehen oder im Fernsehen kommen", meint Sarah. „Doch, ich weiß, dass es auch heute noch Wunder gibt. Aber ganz oft geschehen sie, ohne dass gerade ein Reporter dabei ist. Und ganz oft sehen die Menschen sie auch gar nicht. Man muss ein bisschen die Augen aufhalten nach ihnen", antworte ich. „Und wo finde ich sie dann?", fragt Sarah nochmal. „Zum Beispiel, wenn zwei, die schon seit langem kein Wort mehr miteinander geredet haben, plötzlich wieder ins Gespräch kommen. Oder wenn jemand, der schrecklich krank war, doch wieder gesund wird. Oder wenn nach einer langen Nacht endlich die Sonne aufgeht. Auch das ist ein Wunder — man muss nur bereit sein, sich über solche Sachen zu wundern und sie nicht einfach als selbstverständlich anzunehmen. Und vielleicht steckt das auch hinter der Bibelgeschichte: sich wieder mal daran zu erinnern, dass es zwar für uns selbstverständlich ist, jeden Tag Brot auf dem Teller zu haben, aber längst nicht für alle Menschen."

Wenn ich mich
frage, warum wir
überhaupt
Kommunion feiern

Jesus feiert mit seinen Freunden Abendmahl

Ich sitze am Schreibtisch, als Sarah heute Nachmittag vom Kommunionunterricht kommt. „Opa, heute haben wir schon mal am Altar geübt, wie das wird, wenn wir die Kommunion empfangen. Ich hab total Angst, dass ich die Hostie fallen lasse oder die mir nicht schmeckt und ich das nicht schlucken kann. Und was dann? Es heißt doch immer: ‚Das ist mein Leib' und so weiter, ich kann doch den Jesus nicht fallen lassen!" Ich muss schmunzeln, auch wenn es Sarah ganz ernst ist damit. Und irgendwie kann ich ihre Angst auch verstehen. Ich glaube, mir ging das damals auch so.

„Ihr habt doch im Kommunionunterricht bestimmt schon darüber gesprochen, warum der Priester die Hostie austeilt und den Wein, oder?" „Opaaa", sagt Sarah ein bisschen genervt. „Natürlich! Das ist das mit dem letzten Abendmahl, das Jesus mit seinen Jüngern gefeiert hat." „Genau. Komm wir lesen das nochmal, vielleicht bist du dann weniger aufgeregt?" „Wenn du meinst …" Sarah ist nicht wirklich überzeugt, aber trotzdem schlagen wir gemeinsam Lukas 22,7–20 auf. Hier steht die Geschichte vom letzten Abendmahl und sie geht etwa so:

Es war gerade die Zeit vor Pessach, dem wichtigsten Fest im Jahr bei den Juden. Da ist es Tradition, dass man sich am Abend vor dem großen Tag zusammensetzt, gemeinsam isst und trinkt und sich auf das Fest vorbereitet. Jesus wusste, dass die Römer ihn in den nächsten Stunden gefangen nehmen, ihn verurteilen und anschließend töten würden. Aber er wollte noch einmal mit seinen Freunden zusammen sein, mit ihnen feiern und ihnen ein paar Dinge mit auf den Weg geben, wenn er nicht mehr bei ihnen ist. Er schickte daher zwei seiner Freunde nach Jerusalem, sie sollten das Essen vorbereiten und auch den Saal ein bisschen herrichten, in dem sie sitzen wollten. Später, am Abend, kam Jesus dann mit seinen zwölf besten Freunden nach. Als sich alle gesetzt hatten, nahm Jesus das Brot, das auf dem Tisch stand, sprach ein Gebet darüber und brach es dann in Stücke. Er gab seinen Freunden davon und sagte zu ihnen: „Nehmt, das ist mein Leib, der für euch hingegeben wird. Tut dies zu meinem Gedächtnis." Dann nahm er auch den Weinkelch, der auf dem Tisch stand, sprach wieder ein Dankgebet darüber und sagte dann: „Das ist der neue Bund in meinem Blut, das für euch vergossen wird." Und jeder nahm einen Schluck aus dem Becher. Dann aßen und tranken sie weiter und gingen nach dem Mahl hinaus auf den Ölberg.

„Hm, die Geschichte ist ziemlich kurz", meint Sarah. „Und da steht fast genau das, was der Priester dann sagt, wenn er uns die Hostie gibt, oder?" „Stimmt genau." „Aber gegen meine Angst hilft mir das gar nichts", mault Sarah. „Da steht doch das mit dem Leib!"

„Da hast du recht", sage ich nachdenklich, „aber wie so vieles in der Bibel kann man auch das nicht wörtlich verstehen. Natürlich ist die Hostie wichtig, und wenn sie dir runterfällt, ist das doof, aber für Jesus ist das ziemlich unwichtig. Viel wichtiger ist, glaube ich, dass er gesagt hat: Esst gemeinsam, teilt euer Brot, weil ihr dann an mich denkt, weil ihr dann sogar in eurem Körper spürt, dass ich da bin, ganz nah bei euch, auch wenn ihr mich nicht sehen könnt, auch wenn ich nicht mehr auf dieser Welt bin." „Und was heißt das jetzt für meine Angst?", fragt Sarah und macht Falten in ihre Stirn. „Ich glaube, das heißt, dass du natürlich ganz vorsichtig mit der Hostie umgehen solltest, aber wenn was passiert, ist das kein Beinbruch. Viel wichtiger ist auch hier, dass du spürst: Jesus ist in diesem Moment da. Er ist bei dir, aber auch bei allen anderen, die jetzt die Kommunion bekommen. Und das verbindet euch. Und alle anderen Christen auf der Welt. Ihr seid verbunden in diesem Stück Brot. An einer anderen Stelle in der Bibel sagt Jesus: ‚Wo zwei oder drei in meinem Namen versammelt sind, da bin ich mitten unter ihnen.' Das hat er wohl damit gemeint. Und Kommunion feiern ist dann nichts anderes, als sich immer wieder an diesen Moment im Abendmahlssaal zu erinnern, in dem Jesus mit
seinen Freunden zusammensaß und
sie in seinem Namen in die Welt
hinaus geschickt hat, zu allen

Menschen. Unsere Kirche wird dann zum Abendmahlssaal. Und deshalb feiern wir auch immer wieder Kommunion. Hilft dir das ein bisschen?" „Hm, muss ich wohl noch drüber nachdenken, Opa. Aber ich werde auf jeden Fall dran denken, wenn ich dann da vorne am Altar stehe", meint Sarah. Zumindest sind die Falten auf ihrer Stirn wieder verschwunden.

Wenn ich mich frage, was nach dem Tod kommt

Die Geschichte vom Ostermorgen

„Wenn wir schon bei den Festen sind", sage ich zu Sarah, „weißt du denn auch, was wir an Ostern feiern?" „Ach, Opa", seufzt sie, „du stellst Fragen! Das erzählst du uns doch auch schon, seit wir klein waren! Natürlich weiß ich das: Da wurde Jesus gekreuzigt und ist auferstanden."
„Ist ja schon gut", sage ich schmunzelnd. Dann runzelt Sarah die Stirn. „Aber was heißt denn das eigentlich, ‚auferstanden'? Da hab ich noch nie wirklich drüber nachgedacht", sagt sie nachdenklich.
„Prima, dann können wir die Geschichte ja noch einmal lesen!", freue ich mich. Sie steht in Johannes 20,1–18 und geht ungefähr so:

Obwohl Jesus die Menschen geliebt und viele gesund gemacht hat, wurde er irgendwann verhaftet. Die Römer hatten damals das Sagen – und sie hatten Angst vor Jesus. Weil ihm so viele Menschen zuhörten und weil Jesus andere heilte. Die Römer meinten, dann würde er am Ende einen Aufstand anzetteln und alle dazu bringen, sie aus dem Land zu verjagen. Also haben sie ihn gefangen genommen und sogar zum Tod verurteilt. Jesus wurde gekreuzigt. Seine Freunde mussten zusehen, sie konnten nichts dagegen tun. Als Jesus gestorben war, konnte einer seiner Freunde die Römer überreden, dass sie ihn beerdigen durften. Damals wurden die Menschen nach ihrem Tod nicht auf dem

Friedhof begraben. Man legte sie stattdessen in eine Höhle in einem Felsen und rollte einen Stein vor die Tür. So war das auch bei Jesus: Seine Freunde legten ihn ins Grab im Fels und rollten den Stein davor.

Alle waren furchtbar traurig. Vor allem Maria-Magdalena. Sie hatte sich so gut mit Jesus verstanden! Und ihn so gern gehabt. Sie wollte Jesus unbedingt noch einmal sehen. Und so ging sie am nächsten Morgen kurz vor Sonnenaufgang zu seinem Grab. Als sie dort ankam, erschrak sie sehr: Der Stein war nicht mehr vor dem Grab und der Eingang offen. „O nein!" Maria-Magdalena liefen die Tränen über die Wangen. „Jetzt haben sie ihn schon ermordet – müssen sie ihn uns nun auch noch wegnehmen, wenn er tot ist?" Aber dann wurde sie wütend. Schnell lief sie zurück und weckte Petrus und Johannes. „Los, kommt! Sie haben Jesus weggenommen!" Petrus rieb sich verschlafen die Augen. „Was?", murmelte er. „Jesus ist weg! Schnell, kommt mit! Wir müssen ihn suchen!" Plötzlich war Petrus hellwach. Er warf sich sein Gewand über und rannte mit Johannes und Maria-Magdalena zum Grab.

„Seht ihr? Der Stein ist weg! Wir müssen sehen, wo er geblieben ist! Das können sie nicht machen!", rief sie. „Jetzt mal langsam", sagte Petrus, noch immer ein bisschen verschlafen, „ich schau mal nach. Los, Johannes, kommt mit mir." Dann gingen sie ins Grab hinein. Ein bisschen mulmig war ihnen schon dabei. Johannes schaute vorsichtig um die Ecke – Jesus war tatsächlich verschwunden! Aber die Tücher, in die sie ihn eingewickelt hatten, lagen ordentlich zusammengefaltet in der Felsnische. Dort hatte er gelegen. Sie schauten sich noch einmal um, konnten aber nichts weiter entdecken.

Draußen wartete Maria-Magdalena ungeduldig auf die beiden. „Jesus ist wirklich verschwunden", sagte Petrus mit hängenden Schultern, als sie nach draußen kamen. „Bestimmt haben die Römer seinen toten Körper mitgenommen. Und das nur, um uns noch mehr wehzutun!" „Dann müssen wir ihn eben suchen", sagte Johannes. „Ich kenne da jemanden bei den Römern ..." Maria-Magdalena weinte wieder. „Wir gehen jetzt zurück in die Stadt und werden uns gleich auf die Suche machen", versuchte er sie zu trösten. „Bestimmt finden wir ihn! Bleib du doch hier, falls nochmal jemand von den anderen vorbeikommt. Oder falls die Römer zurückkommen. Dann kannst du ihnen folgen." Maria-Magdalena nickte nur stumm. Johannes seufzte. „Also gut, lass uns gehen, Petrus."

Kaum waren die beiden verschwunden, stand plötzlich ein Mann neben Maria-Magdalena. Er sah sie liebevoll an und fragte: „Frau, warum weinst du denn?" Maria-Magdalena sah auf und fragte: „Seid Ihr nicht der Gärtner hier? Herr, wenn Ihr wisst, wo sie Jesus hingebracht haben oder wenn Ihr ihn weggebracht habt – bitte, bitte sagt mir, wo er ist. Ich werde ihn holen gehen!" Der Mann sah sie nur weiter an. Dann sagte er leise: „Maria-Magdalena!" Und jetzt endlich erkannte sie ihn! Es war Jesus selbst! „Rabbuni!", rief Maria-Magdalena. So hatte sie Jesus immer genannt. Er war nicht tot! Jesus lebte! Sie wollte ihn in den Arm nehmen, ihn drücken, seine Hände halten. Jesus wich jedoch einen Schritt zurück. „Nicht, Maria. Ich lebe, aber ich gehöre nicht mehr

in eure Welt. Daher kannst du mich nicht
mehr berühren. Aber ich bin da, ich bin
bei dir, bei den anderen, alle Tage dieser
Welt. Nun geh, lauf zu ihnen! Sag ihnen, ich
lebe!" Und damit war er wieder verschwunden.
Maria-Magdalena aber lief los, so schnell sie
konnte. Sie lachte und weinte gleichzeitig und hätte
am liebsten noch dazu getanzt.
Jesus ist also gar nicht tot geblieben. Gott selbst hat ihn
auferweckt. Er ist mächtiger als der Tod. Und weil Jesus
von den Toten auferweckt wurde, werden auch wir auferweckt. Wir bleiben nicht tot, nur weil unser Körper stirbt.
Gott selbst schenkt uns das Leben mit ihm, auch wenn unser toter Körper dann auf dem Friedhof begraben wird. Wir
sind dann in der neuen Welt mit Gott – im Himmel.

Sarahs großer Tag der Erstkommunion steht jetzt vor der Tür. Ich bin gespannt, wie es für sie wird! Mir hat es jedenfalls großen Spaß gemacht, sie auf dem Weg dahin zu begleiten. Und ich bin selbst ganz erstaunt, was wir gemeinsam alles in der Bibel entdeckt haben – und wie viel Gott doch mit ihr und mit mir und mit all dem zu tun hat, was wir jeden Tag so erleben, ob es nun traurig oder schön ist. Ich hoffe, dass es dir genauso viel Spaß gemacht hat, in diesem Buch zu lesen. Vielleicht hast du ja Ähnliches erlebt wie wir beide? Ich hoffe es, denn dann kannst du vielleicht spüren, dass Gott immer bei dir ist – nicht nur an deiner Erstkommunion, sondern jeden einzelnen Tag.

Dein
Albert Biesinger

Bibelstellenverzeichnis